Ludwig Schmid

**Die Wahl des Grafen Adolf von Nassau zum römischen König**

**1292**

Nach dem jetzigen Standpunkte der Quellen

Ludwig Schmid

**Die Wahl des Grafen Adolf von Nassau zum römischen König 1292**
*Nach dem jetzigen Standpunkte der Quellen*

ISBN/EAN: 9783743632066

Hergestellt in Europa, USA, Kanada, Australien, Japan

Cover: Foto ©ninafisch / pixelio.de

Weitere Bücher finden Sie auf **www.hansebooks.com**

# Die Wahl
des
# Grafen Adolf von Nassau
zum
## römischen König
### 1292.

Nach dem jetzigen Standpunkte der Quellen

dargestellt von

### Dr. L. SCHMID.

Ritter des Königl. Preussischen Rothen Adler-Ordens 4ter und des F. Hohenzollern'schen Hausordens
3ter Klasse. Inhaber der Kaiserlich-Oestreichischen, Königl. Preussischen und Königl. Württembergischen grossen goldenen Medaille für Wissenschaft und Kunst.

Ein Beitrag zur deutschen Kaiser- und Reichsgeschichte.

Herausgegeben von dem Verein für Nassauische Alterthumskunde und Geschichtsforschung.

Wiesbaden.
In Commission bei W. Roth.
Druck von Rud. Bechtold.
1870.

# VORREDE.

Die Wiederbesetzung des Thrones nach dem Tode des römischen Königs Rudolf aus dem Grafenhause Habsburg ist eine derjenigen Partieen der deutschen Geschichte, welche der umfassenden Untersuchung und Darstellung auf Grund zuverlässiger, zumal urkundlicher Quellen noch sehr bedürfen. Bei den verhältnissmässig wenigen Urkunden, welche bis vor einigen Jahren darüber bekannt waren, war man meist an die Aufzeichnungen von Chroniken und andere mittelalterliche Schriften gewiesen, welche, wenn sie mitunter auch gleichzeitig sind, doch sich häufig als unzuverlässig erweisen und nicht selten mannigfach widersprechen. Daher kommt es denn auch, dass die hierauf fussenden Darstellungen der fraglichen Episode in vielen Punkten unrichtig sind,\*) ja theilweise fabelhaftes aufstellen. Und selbst wenn man die Angaben der Chroniken und anderer nicht urkundlichen Quellen zusammengestellt, gegeneinander gehalten und im Lichte der wenigen einschlägigen

---

\*) Dies gilt u. a. namentlich auch von dem Hergang der Wahl Adolfs von Nassau, wie solchen J. F. A. Mücke in seiner Schrift „Albrecht I. von Habsburg." Gotha 1866 darstellt. Kein Wunder, denn derselbe hat, wie er selbst sagt, der Chronik des Ottokar von Horneck den grössten Werth beigelegt.

IV

Urkunden kritisch geprüft hat, wie es in neuerer Zeit geschehen,*) so hat man damit mehr eine Polemik als eine historische Darstellung gegeben und wenig Positives zur Aufklärung der fraglichen Wahl beigebracht. Darum sind die Urkunden-Funde, welche man in der neuesten Zeit über dieselbe in den Archiven zu München und Köln gemacht hat, auch von grossem historischem Werth und man darf sich nicht darüber wundern, dass die zu Tage geförderten Dokumente alsbald zur Beleuchtung des Gegenstandes benützt worden sind.**) Aber sämmtliche in der Note angegebene verdienstvolle Arbeiten befassen sich nach den Grenzen, welche ihnen Mittel oder Zweck vorgezeichnet, nicht mit einer umfassenden Untersuchung, geben somit auch keine erschöpfende Darstellung der in Frage stehenden Episode. Eine solche ist, so viel uns bekannt, auch bis dato noch nicht erschienen. Die schwierige Arbeit zu unternehmen, dazu gab uns unsere frühere Schrift: »der Kampf um das Reich« zwischen K. Adolf von Nassau und Herzog Albrecht von Oestreich den um so näher liegenden Anlass, als wir mit Bearbeitung der Wahlgeschichte, auf welche wir früher nicht einzugehen hatten, so zu sagen nur den Anfang vom Ende zu geben haben. Denn aus derselben geht klar hervor, dass die Wahl Adolfs von Nassau, wie solche zu Stande gekommen, und dessen Sturz durch den Herzog Albrecht von Oestreich und Genossen in engem kausalem Zusammenhang mit einander stehen.

---

*) G. Droysen, Dr. Phil., Albrechts I. Bemühungen um die Nachfolge im Reich. Leipzig 1862.

**) W. Preger, Lic. der Theologie und Gymnasial-Professor, Albrecht von Oestreich und Adolf von Nassau. Mit zwei Urkunden-Beilagen. Programm des K. Maximilian-Gymnasiums in München 1865. — Leonhard Ennen, Dr. Archivar in Köln, die Wahl des Königs Adolf von Nassau Mit Urkunden-Beilagen 1866. — Darauf (1867) hat Ottokar Lorenz, c. M. Dr., die Wahl des Königs Adolf von Nassau in einem sehr interessanten Sitzungsbericht der K. Akademie der Wissenschaften in Wien kritisch beleuchtet. Derselbe ist erst nach Vollendung der vorliegenden Schrift zur Kenntniss des Verfassers gelangt, und es konnte diesen im Interesse der Geschichtsforschung nur freuen zu finden, dass beide Arbeiten, jede auf ihrem Wege, übereinstimmend zu manchen wichtigen Resultaten gelangt sind. — Der Zeit vor den erwähnten Entdeckungen in den Archiven zu München und Köln gehört schliesslich die Königsberger Dissertation von Matz „de causis belli inter Adolphum et Albertum" an.

Wirft man die Frage auf: Ist denn diese römische Königswahl wirklich von solch' hoher Bedeutung, liefert sie so wichtige Resultate für die Beurtheilung der Verhältnisse des ehemaligen deutschen Reichs und dessen Gestaltung im Laufe der Jahrhunderte, dass die deutsche Geschichtsforschung sie immer wieder auf's Neue zum Gegenstand ihrer Thätigkeit macht? — so antworten wir mit einem entschiedenen Ja. Denn eine erschöpfende Untersuchung und Darstellung der Geschichte der Besetzung des deutschen Thrones in der Person des Grafen Adolf von Nassau liefert einen sehr namhaften Beitrag zur Beantwortung der Frage: Welches sind die Hauptursachen davon, dass die Macht des deutschen Reichs, welches bei günstigerer Entwicklung der Verhältnisse berufen gewesen wäre, in Europa zu gebieten, so elendiglich zersplittert wurde, dass das hohe Ansehen von Kaiser und Reich so kläglich gesunken und am Ende zum Gespött des Auslandes geworden ist? Es ist, wie unsere Darstellung zeigt, in erster Linie der **Partikularismus, welchem Haupt und Glieder des deutschen Reichs die Macht und das Wohl des Ganzen zum Opfer brachten, es sind die dynastischen Sonder-Interessen, denen man auf der ganzen Stufenleiter des Feudal-Staates nachgieng, die sich begegneten und nicht selten zur Schwächung des Ganzen Compromisse eingiengen.** Sodann — weisen wir schliesslich den Leser auf das blutige Ende des K. Adolf hin — zu welchem ihn zu einem guten Theil eben seine Wahl, wie solche vor sich gegangen, geführt hat, so sieht er: **wie die Ehrfurcht vor der Majestät des Reichsoberhaupts geschwunden war, wie die Vasallentreue so freventlich gebrochen wurde, dass Fürsten, Grafen und Herren ihr Schwert gegen den Gesalbten des Herrn erhoben, und dieser unter ihren Streichen mit der Krone auch das Leben lassen musste.** Indess fieng, bemerken wir hier beiläufig, schon in früherer Zeit als die, welche wir bei unserer Darstellung vor uns haben, der deutsche Reichskörper an diesen Krebsschäden und solcher Schmach zu leiden an; der so anschaulichen Bilder von diesem Krankheits-Prozesse wie unser vorliegendes Bild gibt es aber wenige. Darum glauben wir hoffen zu dürfen, dass unsere Schrift ihren Leserkreis nicht nur unter den Historikern vom Fache sondern in dem gebildeten Publikum überhaupt finden wird, das sich wohl auch die Frage vorlegt: wie ist es gekommen, dass die Macht und Herrlichkeit des alten deutschen Reichs ein so schmähliches Ende genommen? Beschäftigt doch, zumal in unseren Tagen, die Frage von Deutschlands Macht und Ansehen alle Geister, welche sich über das gemeine Alltagsleben erheben. Unsere Arbeit für weitere Kreise nutzbar zu machen, das hatten wir auch bei der Anlage und Durchführung derselben im Auge. Die Abschnitte, in welche unsere Darstellung zerfällt, erleichtern dem Leser die Uebersicht und bieten ihm die nöthigen Ruhepunkte. Zur Vollständigkeit des Bildes und Verstärkung von dessen Total-Eindruck beginnen wir weder erst mit den Vorgängen der Wahl, noch schliessen wir mit dem Resultat derselben ab; wir lassen den Leser Rückblicke werfen auf frühere Jahrhunderte, insbesondere die Zeiten des Königs Rudolf I. vom Hause Habsburg und dessen Bestrebungen; wir führen in Hauptzügen die Regierung des K. Adolf bis zu dessen tragischem Ende an dem Leser vorüber, um ihm die nächsten Folgen der unheilvollen Wahl zu zeigen; wir haben uns bemüht, die hervorragenden Persönlichkeiten unparteiisch und lebendig zu zeichnen. Um die Wirkung des ermüdenden Details, welches indessen bei gründlicher und erschöpfender Darstellung nicht ausgeschlossen werden konnte, abzuschwächen, haben wir auch Begebenheiten und Persönlichkeiten hereingezogen, welche zu unserem Gegenstand nur in mehr oder weniger mittelbarer Beziehung stehen. Sie bilden die Staffage des Hauptbildes.

Schliesslich bleibe nicht unerwähnt, dass wir es möglichst vermieden haben, unseren Lesern mit vielen Citaten und Noten lästig zu fallen. Wo wir solche angefügt, geschah es meist, um unser Bild mit anregenden Details auszustatten. Ein Recensent hat seiner Zeit die reiche Beigabe von Quellennachweisen an unserem »Kampf um das Reich« getadelt, weil er übersehen, dass wir denselben als Quellenstudie in die Welt hinausgeschickt haben. Als solche hat diese unsere frühere Arbeit seither auch Manchem gute Dienste geleistet, wie zu bemerken wir wiederholt Gelegenheit gehabt haben. Auch hat (†) Böhmer, unser hochverdienter Altmeister der deutschen Geschichtsforschung, seiner Zeit unserem »Kampf« das aufmunternde Zeugniss ertheilt: »es wäre mir ganz recht, wenn noch mehr Knotenpunkte der deutschen Geschichte in solcher Weise bearbeitet würden.«

Möchte nun auch unserer »Wahl« die Anerkennung der Fachmänner und der Beifall der gebildeten Leserkreise zu Theil werden.

Tübingen, im Sept. 1868.

Der Verfasser.

# INHALT.

**Erster Abschnitt:**
Der römische König Rudolf von Habsburg ist vergeblich bemüht, seinem Hause die Nachfolge auf dem deutschen Throne zu sichern . . . . . . .  1—13

**Zweiter Abschnitt:**
Die Wahlumtriebe in der Zeit von dem Tode des Königs Rudolfs I. von dem Hause Habsburg (15. Juli 1291) bis zur Erwählung des Grafen Adolf von Nassau (5. Mai 1292). Die Stimmung für und gegen den Herzog Albrecht von Oestreich auch ausserhalb des Wählerkreises .  14—63

**Dritter Abschnitt:**
Herzog Albrecht von Oestreich zieht als Bewerber um die deutsche Krone mit einer für jene Zeiten ansehnlichen Streitmacht an den Rhein, nachdem er in seinen Herzogthümern und an deren Grenzen Ruhe und Frieden einigermassen gesichert . . . . . .  64—70

**Vierter Abschnitt:**
Die Wahl. Graf Adolf von Nassau wird am 5. Mai 1292 zu Frankfurt am Main mit Zustimmung aller Kurfürsten zum römischen König erwählt. — Die Haltung des Herzogs Albrecht gegenüber von demselben .  71—83

**Fünfter Abschnitt:**
Die Krönung (Weihe) des zum römischen König erwählten Grafen Adolf von Nassau. Die Versprechungen, welche dieser vor und nach derselben den Kurfürsten weiter gemacht; wie er die vor seiner Wahl gegebenen erneuert und in wie weit er solche gehalten . .  84—106

**Sechster Abschnitt:**
Kurzer Abriss über des Grafen und nachmaligen römischen Königs Adolf von Nassau Persönlichkeit und Regierung nach ihren Haupt-Momenten  107—128

# Erster Abschnitt.

## Der römische König Rudolf von Habsburg ist vergeblich bemüht, seinem Hause die Nachfolge auf dem deutschen Throne zu sichern.

In den ruhmreichen Jahrhunderten der deutschen Kaiser sächsischen, fränkischen und schwäbischen (hohenstaufischen) Stammes, gieng mit wenig Ausnahmen der Thron vom Vater auf den Sohn über, und häufig wurde letzterer schon zu Lebzeiten des mit dem kaiserlichen Diadem bekleideten Vaters zum »römischen König,« zu einer Art Mitregentschaft erhoben, und so als Nachfolger auf dem Kaiserthrone zum Voraus bezeichnet. Auf diese Weise wurde in jenen Zeiten die Erblichkeit der Krone wenigstens zu einer Art Gewohnheitsrecht.

Bei der Macht und dem Glanze, womit die meisten Kaiser aus jenen Häusern umgeben waren, dem Danke, den die deutsche Nation ihrem erhabenen und verdienstvollen Wirken zu zollen hatte, ist dies auch ganz erklärlich.

Diese Vorgänge schwebten dem römischen Könige Rudolf aus dem Grafenhause Habsburg bei seinem Bestreben vor, die Erblichkeit der deutschen Krone auch in seinem Geschlechte anzubahnen. Wohl konnte er bei seinen grossen Verdiensten um das deutsche Reich und in Anbetracht, dass die vier weltlichen Kurfürsten von Böhmen, Baiern, Sachsen und Brandenburg seine Töchtermänner waren, hoffen, es werde ihm gelingen einem seiner Söhne die Krone zu sichern. Aber die Erreichung dieses von ihm angestrebten Zieles wurde ihm durch mehrere Umstände erschwert, am Ende unmöglich gemacht.

Eine schlimme Erbschaft aus den wirren Zeiten der Könige des Zwischenreichs war in den von da an sich geltend machenden Kurfürsten, an deren Zustimmung das Reichsoberhaupt bei allen wichtigen Dingen fortan gebunden war, auf ihn übergegangen. Sonst war noch aus eben jener Zeit der Geist des Widerspruchs und der Unbotmässigkeit überhaupt herüber gekommen und auch von Rudolf nur mit Mühe nothdürftig niedergehalten worden. Sodann musste er zuvor die Kaiserkrone erlangt haben, denn es bestand die Ansicht, dass das deutsche Reich nur neben einem römischen Kaiser auch noch einen römischen König, der dessen Nachfolger werden sollte, haben könne. Endlich verlor er zu bald durch den Tod diejenigen seiner Söhne, für welche sich wirklich eine Aussicht zur Erlangung der römischen Königswürde eröffnet hatte. Wir glauben auf die letzteren zwei Punkte näher eingehen zu sollen.

Die Romfahrt zur Kaiserkrone hatte Rudolf von seiner Erwählung bis in sein letztes Lebensjahr stets im Auge gehabt.[*] Schon als er dem Pabste Gregor X. seine Erwählung zum römischen König anzeigte, bat er diesen, ihn seiner Zeit zum Kaiser zu krönen. Bei seiner Zusammenkunft mit dem genannten Pabste zu Lausanne (Oktober 1275) wurde verabredet, dass Rudolf nächst Pfingsten die Kaiserkrone empfangen sollte, auch beauftragte der heilige Vater den Rudolf ganz ergebenen Bischof Heinrich von Basel mit dem Eintreiben des Zehntens von der deutschen Geistlichkeit und ermächtigte denselben, dem Könige, welcher dem Stuhle zu Rom eidlich eine Reihe höchst wichtiger Versprechungen gemacht, davon 12,000 Mark auszubezahlen, sobald dieser über die Alpen ziehen würde. Rudolf erhielt für die bevorstehende Romfahrt auch wirklich dieses Geld und erbat sich noch dazu 4,000 Mark als Anlehen, denn gleich seinen Vorgängern wollte er an der Spitze eines zahlreichen und glänzenden Vasallenheeres nach Rom fahren. Das kostete aber viel Geld und an diesem fehlte es nicht selten dem Könige. Die Feldzüge gegen den unbotmässigen Böhmenkönig machten aber die Ausführung des Vorhabens in den nächsten drei Jahren unmöglich, und es verlautet in den Quellen nun auch für eine Reihe von Jahren nichts mehr von der beabsichtigten Fahrt Rudolfs zur Krone. Die inneren Angelegenheiten des deutschen Reichs nahmen ihn fortan sehr in Anspruch.

---

[*] Die Angabe mancher Geschichtswerke, K. Rudolf habe absichtlich die Romfahrt unterlassen, widerspricht ganz den Quellen.

Erst von dem Jahr 1285 an datiren sich, so viel bekannt, wieder diesfallsige Unterhandlungen mit dem Pabste Honorius IV., an welchen Rudolf in dem angegebenen Jahre eine Gesandtschaft hatte abgehen lassen, um demselben die früher dem Stuhl Petri gegebenen Versprechungen zu erneuern, wegen des Krönungs-Termins zu verhandeln und um eine weitere Geldhilfe zum Zug zu bitten. Von dem genannten Pabste wurde auf eine nochmalige Anfrage in den ersten Monaten des Jahres 1286 dem König vorläufig der 2. Febr. des nächsten Jahres zum Empfang der Krone bezeichnet. Aber auch dieser Termin verstrich aus unbekannten Gründen, ohne dass es dazu gekommen war. Vielleicht fällt in diese Zeit die gefährliche Krankheit, von welcher Rudolf in einem seiner Briefe spricht. Später aber, im Sommer und Herbst des genannten Jahres, hielt der Krieg gegen die aufständischen schwäbischen Grafen den König in Deutschland zurück. Auch war es der Ausführung des von ihm beabsichtigten Zuges nicht förderlich, dass die auf dem Würzburger Concil versammelten deutschen Bischöfe dem päbstlichen Legaten, welcher mit Rudolf über die Romfahrt zu verhandeln gehabt, den verlangten Zehenten energisch verweigerten.

Nachdem im Sommer 1288 der König durch den Krieg mit Bern beschäftigt gewesen, schlug er dem Pabste die Vornahme der Kaiserkrönung auf Sommer oder Anfang des Winters 1289 vor; der heilige Vater hielt es aber für gerathener, einen noch späteren Termin anzusetzen, der somit in das Jahr 1290 fiel. Dieses Jahr brachte der König, mit den innern Angelegenheiten des Reichs beschäftigt, fast ganz in Erfurt zu, hatte aber darum die Romfahrt nicht ausser Auge gelassen, wie wir unten bei seinen Verhandlungen mit König Wenzel von Böhmen, Ottokars Sohn, (13. April 1290) sehen werden. Nun aber wurden die Beziehungen zwischen dem Pabste und dem Könige etwas gespannter Art. Rudolf war nämlich dem Pabste Nicolaus IV. nicht zu Willen, als dieser ihn im Januar 1290 aufforderte, zu Gunsten des Erzbischofs Sifrid von Köln einzuschreiten (siehe unten), insbesondere zog er sich durch die Belehnung seines Sohnes Albrecht mit Ungarn (siehe unten) die Unzufriedenheit des Pabstes zu, welcher ihm und demselben erklären liess, dass besagtes Königreich dem römischen Stuhle zustehe. Endlich waren auch in Betreff des französischen Königs Differenzen zwischen Rudolf und dem Pabste entstanden. So verstrich auch das Jahr 1290; aber immer noch gieng der König mit dem Gedanken um, in Rom die Kaiserkrone zu holen, wie ein Uebereinkommen zeigt, welches er am Ende des Februar 1291 mit der Stadt Zürich schloss. *) Nun mögen auch die sich einstellenden Gebrechen des Alters den Zug über die Alpen weniger räthlich gemacht haben, und Rudolf starb am 15. Juli 1291 zu Speier, ohne dass ihm die langersehnte Ehre der Kaiserkrönung zu Theil geworden war.

Sehr nachtheilig für die Ausführung des Projekts war es auch, dass der päbstliche Stuhl während der Regierung Rudolfs sieben Mal vakant wurde und die diesfallsigen Verhandlungen wiederholt von Neuem angeknüpft werden mussten.

So blieb gegenüber dem Wunsche des Königs, einen seiner Söhne zum römischen König erhoben zu sehen, den widerwilligen Kurfürsten der Vorwand, Rudolf seie ja noch nicht zum Kaiser gekrönt. Selbst König Wenzel von Böhmen setzte, als er der beabsichtigten Erhebung von Rudolfs gleichnamigem Sohne zum römischen Könige bei Lebzeiten seines Vaters die Zustimmung ertheilte, voraus, dass dieser zuvor die Kaiserkrone erlangt habe.

Ferner scheiterte, wie bereits oben bemerkt wurde, Rudolfs Plan, seinem Hause noch bei Lebzeiten die Nachfolge auf dem deutschen Throne zu sichern, daran, dass diejenigen zwei seiner Söhne, welche er, und zwar mit günstigen Aussichten der Reihe nach zu seinen Nachfolgern ausersehen, ihm im Tode vorangiengen, der dritte aber den Kurfürsten nicht genehm war.

Hartmann, der zweitgeborene Sohn Rudolfs, wurde als vielversprechender Jüngling im Jahre 1278 mit Johanna, der Tochter des Königs Eduard I. von England, verlobt. Denselben, der kurz vor seinem unglücklichen Ende mit Auszeichnung gegen Savoien gefochten, hatte der König allererst zu seinem Nachfolger ausersehen. Er versprach in dem obgenannten Jahre dem englischen Könige, alles aufzubieten, dass sein Sohn Hartmann, wenn er selbst die Kaiserkrone erlangt, mit Einwilligung der Kurfürsten römischer König und sein Nachfolger werde, überdies das damals noch zu Deutschland gehörige Reichsland Burgund erhalte. Ehe aber auch nur einer dieser Plane, welche Rudolf mit Hartmann vor hatte, erreicht war, ertrank dieser im Alter von 18 Jahren in den letzten

---

*) Er befreite dieselbe, welche 1000 Mark Silber für ihn an Erfurt bezahlt hatte, auf weitere zwei Jahre von der Reichssteuer, es sei denn dass er zur Kaiserkrönung fahre.

Tagen des Dez. 1281 im Rheine.\*) Wäre Hartmann am Leben geblieben, so hätte K. Rudolf, von der Romfahrt abgesehen, seinen Plan ohne Zweifel durchgesetzt, da sein Ansehen und Einfluss in der ersten Hälfte seiner Regierung, namentlich um die Zeit des Augsburger Reichstags (1282), ungleich grösser war, als vom Schluss der achtziger Jahre an.

Rudolf, der dritte Sohn des Königs, geboren 1271, wurde am Ende des Jahrs 1278, somit noch sehr jung, mit Agnes, der Tochter des in der Schlacht auf dem Marchfeld gegen Rudolf gefallenen Böhmenkönigs Ottokar, verlobt, zu gleicher Zeit des letzteren Sohn Wenzel mit der römischen Königstochter Guta. Kaum an der Schwelle des Jünglingsalters stehend, wurde der junge Rudolf gemeinschaftlich mit seinem viel älteren Bruder Albrecht im Jahr 1282 auf dem Reichstag zu Augsburg mit den Herzogthümern Oestreich, Steiermark, Kärnthen u. s. w. belehnt, wobei sich jedoch der König eine spätere andere Verfügung vorbehielt. Schon im nächsten Jahre wurde auch auf besondere Bitte der Herzogthümer, welche nicht zwei Herren haben wollten, Albrecht allein mit denselben belehnt, Rudolf aber eine anderweitige Entschädigung zugesagt. Er sollte der Nachfolger seines Vaters im Reich werden oder ein anderes Fürstenthum erhalten, wenn aber weder das Eine noch das Andere innerhalb 4 Jahren geschehen sein würde, so hätten Albrecht oder seine männlichen Erben Rudolf eine durch den König zu bestimmende Geldsumme zu bezahlen. Stürbe dieser, ehe die Entschädigungs-Summe bezahlt worden, so sollte solche durch ein Schiedsgericht, bestehend aus dem Burggrafen Friedrich von Nürnberg, den Grafen Albert von Hohenberg, Heinrich von Fürstenberg und Ludwig von Oettingen bestimmt werden. Die vier Jahre verflossen aber, ohne dass der junge Rudolf weder römischer König geworden, noch ein Fürstenthum erhalten, noch ihm die Entschädigungssumme ausbezahlt worden war.

Der König scheint den Plan gehabt zu haben, das Herzogthum Schwaben wieder aufzurichten und es seinem Sohne Rudolf zu Lehen zu geben, stiess aber dabei auf mancherlei Schwierigkeiten, nament-

---

\*) Hartmann fuhr mit Edlen und Dienern Nachts auf einem Nachen von Basel den Rhein hinab. Bei Rheinau, zwischen Breisach und Strassburg, wurde der Nachen, auf dem alle sammt dem Schiffer eingeschlafen waren, durch einen auf den Strom herabhängenden Baumast in seinem Laufe aufgehalten, füllte sich mit Wasser und sank unter.

lich entschiedenen Widerstand von Seiten einer grossen Anzahl schwäbischer Grafen (s. unten). Dafür wurde dem jungen Rudolf der sehr beträchtliche Habsburgische Hausbesitz im südwestlichen Schwaben zur Selbstverwaltung übergeben, daher er häufig in Chroniken Herzog von Schwaben, Graf von Habsburg und Landgraf vom Elsass genannt wird. Ersteren Titel führte er zwar selbst nie, wohl aber den: Herzog von Oestreich. Zu dem alten Habsburger Stammlande machten er und sein Bruder Albrecht ansehnliche Erwerbungen in dem Landstrich zwischen dem Bodensee und der Donau (s. unten), auch hielt er sich sehr häufig in den oberen Landen auf.

Sonst aber sieht man ihn auch nicht selten im Gefolge seines Vaters, auf Reichstagen z. B. in Erfurt (Jan. 1290) und in Feldlagern, so vor der Helfenstein'schen Burg Herwartstein in Schwaben (1287), dem Raubschloss Weissenstein im Kletgau (1288) und besonders vor Bern (1288 und 1289). Er hatte auf diese Weise Gelegenheit manches namentlich auch im Kriegswesen von seinem Vater zu lernen. Vor Bern zeichnete sich der junge Herzog besonders aus, indem er einen Ausfall der Berner von einem gut angelegten Hinterhalt aus mit glänzendem Erfolg zurückwarf. Auch in anderen Beziehungen erwarb sich Herzog Rudolf einen guten Namen und Vertrauen. Zeitgenossen heben insbesondere seine Gerechtigkeitsliebe, aber auch — ein Zeugniss von seinem energischen Charakter — seine unbeugsame Strenge gegen seine Widersacher hervor. Daneben hatte ihn sein kluger Vater gelehrt, Sitte und Herkommen zu ehren, auch wenn es den stolzen Jüngling schwer ankommen mochte.\*)

So konnte K. Rudolf wohl Hoffnung haben, seinem jüngsten Sohne die römische Königswürde erwerben zu können. Während des langen Erfurter Reichstags, auf welchem, so viel man weiss, mit Ausnahme der Erzbischöfe von Trier und Köln, sämmtliche Kurfürsten wenigstens zeitweise um den König waren, scheint die Erhebung desselben auch ernstlich zur Sprache gekommen zu sein. König Wenzel gab, nachdem Rudolf (4. März 1289) demselben und dessen Erben das Schenkenamt des deutschen Reichs und eine Stimme bei der Königswahl verbrieft hatte, seinem Schwiegervater am 13. April 1290 zu Erfurt nicht nur für seine Stimme die Vollmacht,

---

\*) Er musste z. B. dem bei der Belagerung von Herwartstein in Schwaben anwesenden Abt von St. Gallen, von dem das Habsburgische Haus Lehen trug, als Vasall vor der Mahlzeit das Wasser reichen.

sobald er das kaiserliche Diadem erhalten, seinen Sohn Rudolf zum römischen König zu erheben, sondern ermächtigte auch den Herzog Albrecht von Sachsen auch in seinem Namen den Herzog Rudolf zum römischen König zu wählen, wenn sein Schwiegervater vor Erlangung der Kaiserkrone sterben sollte. Eine gleiche Bereitwilligkeit ist sonach auch von dem Herzog von Sachsen, dessgleichen ohne Zweifel von dem Markgrafen von Brandenburg, mit Sicherheit endlich von dem Herzog Ludwig von Baiern anzunehmen. In Betreff der damaligen Stimmung der drei geistlichen Kurfürsten, von welchen Erzbischof Gerhard von Mainz sich gleich Anfangs auf dem Erfurter Reichstag einstellte, hat man keine Anhaltspunkte. An der Bereitwilligkeit des letzteren, auf Rudolfs Vorschlag einzugehen, müssen wir indess zweifeln (s. im zweiten Abschnitt).

Aber wenige Wochen, nachdem König Wenzel von Böhmen seine Zusage gegeben, traf den alten Vater das schwere Unglück, auch seinen hoffnungsvollen Sohn Rudolf zu verlieren! Derselbe starb am 8. Mai 1290 bei seiner Schwester Guta zu Prag.

In grossem Schmerz darüber gebar Rudolfs Gemahlin, Wenzel's Schwester, einen Sohn, welcher den Namen Johannes erhielt, später meist, aber unrichtig Johann von Schwaben genannt, und im Jahr 1308 an seinem Oheim, K. Albrecht, zum Mörder wurde.

Da Herzog Rudolf weder die Anwartschaft auf die deutsche Krone noch ein Fürstenthum erhalten hatte, auch die zugesagte Geldentschädigung nicht einmal festgestellt, geschweige denn an denselben ausbezahlt worden, so war in Betreff der väterlichen Erbschaft des jungen Johann, dessen Vormundschaft gesetzlich sein Oheim Albrecht übernahm, noch alles unentschieden. Ja selbst im Jahr 1299 war hierin noch gar nichts geschehen, im Gegentheil die Bestimmung und Ausfolge von Johanns väterlichem Erbe bis zu dessen Volljährigkeit verschoben.

Albrecht, der erstgeborene Sohn Rudolfs, stand, als dieser den deutschen Thron bestieg, bereits in angehendem Mannesalter. Man sieht ihn daher, schon ehe er Herzog von Oestreich geworden, bei wichtigen Reichsverhandlungen an der Seite seines Vaters oder in dessen Auftrag handeln, was ihm für seine spätere Laufbahn von grossem Nutzen werden musste. Es zeugt denn auch von der hohen Meinung, die Rudolf von seinem Sohne Albrecht als einem künftigen Regenten hatte, dass er ihn dazu ausersah, der Begründer der

Habsburgischen Hausmacht zu werden, die auch die Stütze seiner späteren Plane abgeben sollte.

Nachdem Albrecht 1281 von seinem Vater zum General-Vikar (Statthalter) der Herzogthümer Oestreich, Steiermark u. s. w., welche König Ottokar von Böhmen im Jahr 1276 hatte abtreten müssen, gesetzt worden war, wurden er und sein Bruder Rudolf unter Zustimmung der Kurfürsten 1282 damit belehnt, schon das Jahr darauf aber erhielt Albrecht die Herzogthümer allein. Zugleich kam dieser in den Besitz der grossen Lehen, welche die früheren Herzoge Oestreichs u. s. w. von den baierischen Bischöfen getragen und die ihn nun in Stand setzten, eine ansehnliche Zahl von Lehensleuten für seine Dienste zu bestellen.

Gross und schwierig war die Albrecht gewordene Aufgabe. Wiederholt musste er offene Auflehnung gegen ihn in seinen eigenen Landen mit Waffengewalt niederwerfen und gegen feindliche Nachbarfürsten, die zum Theil mit den Unzufriedenen und Unbotmässigen in seinen Herzogthümern im Einverständniss waren, zu Felde ziehen (s. im dritten Abschnitt). Hiebei und in seiner Regierung überhaupt erprobte sich Albrecht als erfahrener Kriegsmann und tüchtiger Herrscher. Geht man seinem Wirken als Herzog von Oestreich u. s. w. näher nach, so erkennt man in ihm einen Fürsten, der neben manch' schöner Tugend eines Privatmannes mit klarer Auffassung der Verhältnisse Besonnenheit, Beharrlichkeit und Energie bei Verfolgung seiner Plane verband, in schwierigen bedenklichen Lagen ebensowenig Muth und Fassung verlor, als er sich bei Glück und Sieg zu Uebermuth und Ueberstürzung hinreissen liess. Dabei scheint er allerdings bei Geltendmachung der ihm nach seiner Ansicht zustehenden Rechte mitunter denjenigen Anderer zu wenig Rechnung getragen zu haben, wie sich aus den vielen Streitigkeiten mit den Erzbischöfen von Salzburg, seinem gespanntem Verhältniss zu den meisten seiner Schwäger, endlich aus seiner Stellung zu dem ansässigen Adel seiner Herzogthümer abnehmen lässt. Auch mag er im Bewusstsein seiner geistigen Ueberlegenheit und ansehnlichen Fürstenmacht, welche durch Familienverbindungen*) und gute Finanzwirthschaft noch er-

---

*) Man wird hierbei zunächst an seine Schwäger, den König Wenzel von Böhmen, die Herzoge Ludwig von Oberbaiern, Otto von Niederbaiern, den Herzog Albrecht von Sachsen und den Markgrafen Otto von Brandenburg denken. Wir werden aber unten sehen, dass ihn diese Verwandtschaften bei der Bewerbung um die deutsche Krone allermeist nicht nur nichts halfen, sondern ihm nach-

höht wurde, manchem mit zu grosser Selbständigkeit, mit einem an Stolz grenzenden Selbstgefühl aufgetreten sein, während in andern Verhältnissen seine Herablassung, Milde und Versöhnlichkeit gepriesen wird.

Nachdem auch des Königs jüngster gleichnamiger Sohn während des Reichstags zu Erfurt gestorben war, beabsichtigte Rudolf seinem ältesten, Herzog Albrecht, dessen Charakter wir soeben geschildert haben, die Nachfolge im Reich zuzuwenden. Darum geschah es auch ohne Zweifel, dass derselbe sich nach der Mitte des August 1290 in Erfurt einfand, wo man um diese Zeit auch seine beiden Schwäger, den König Wenzel von Böhmen und Herzog Albrecht von Sachsen, um seinen Vater trifft. Albrecht wollte ohne Zweifel durch das Gewicht seiner Persönlichkeit für seine Sache wirken, wohl auch imponiren, denn er kam mit einem grossen und glänzenden Gefolge und entfaltete, als er seinem Vater und König Wenzel und deren Ritterschaft herrliche Feste gab, Pracht und Reichthum gleich einem König. Mit ihm waren auch seine treuen und mächtigen Anhänger, die Herzoge von Baiern und Kärnthen, in Erfurt eingeritten und vermehrten so noch das Gewicht seiner Macht und seines Ansehens. Dasselbe hatte ohne Zweifel auch K. Rudolf im Auge, als er eben am 31. August seinen Sohn Albrecht mit dem angeblich von dem deutschen Reich zu Lehen gehenden Königreich Ungarn *) belehnte. Er scheint diese Belehnung, durch welche er die Macht-Sphäre des deutschen Reichs zunächst aber die seines Hauses allerdings bedeutend erweitert hätte, zur Erreichung seines Planes für förderlich angesehen zu haben. Hierin aber täuschte er sich wie sein Sohn Albrecht, wenn dieser durch ein imponirendes Auftreten gegenüber

---

theilig wurden. Dagegen standen sein Schwiegervater Herzog Mainhardt von Kärnthen und in späterer Zeit dessen Sohn Heinrich, insbesondere aber sein Oheim mütterlicher Seite, der mächtige und angesehene schwäbische Graf Albert von Hohenberg vom Stamme der Zollergrafen, ihm treulich zur Seite.

*) Der von den Mongolen hart bedrängte König Bela IV. von Ungarn liess durch den Bischof Stephan von Waitzen gegen Kaiser Friedrich II. die Bereitwilligkeit erklären, sein Land von demselben als deutsches Reichslehen annehmen zu wollen, wenn der Kaiser ihm Schutz gegen seine Feinde gewähren würde. Es geschah dies 1241 im Lager bei Spoleto und Graf Rudolf von Habsburg, der nachmalige römische König, war mit Andern Zeuge davon.

K. Friedrich II. leistete aber Bela keine Hilfe, also fiel auch das Anerbieten des letzteren weg. Das frühere Lehensverhältniss Ungarns zu Deutschland im 11. Jahrhundert hatte sich bald wieder gelöst.

von den Kurfürsten für seine Zwecke wirken zu können glaubte. Die meisten derselben erachteten es als ihren Interessen zuwiderlaufend, wenn ein von Haus aus so mächtiger und dadurch sowie seinem Charakter nach so unabhängiger Fürst, wie es Albrecht war, an die Spitze des deutschen Reichs käme. Ueberdies haben die Kurfürsten ohne Zweifel und mit Recht befürchtet, das deutsche Reich möchte durch die Belehnung mit Ungarn zunächst im Interesse der Erweiterung der Habsburgischen Hausmacht in einen Krieg mit Ungarn verwickelt werden, denn zur Zeit, als die Belehnung Statt fand, hatten die Ungarn nach der Ermordung des Königs Ladislaus bereits Andreas den Venetianer, den letzten vom Stamme der Arpaden, auf ihren Thron erhoben. (S. auch im dritten Abschnitt). Auch das mit demselben verwandte böhmische Königshaus kann die Belehnung Albrechts mit Ungarn nicht gut aufgenommen haben, da ihm dadurch die Aussicht auf den eventuellen Anfall des genannten Landes benommen wurde.

Auffallender Weise spricht sich keine gleichzeitige Quelle darüber aus, wie die Kurfürsten auf dem Reichstage zu Erfurt des Königs Wunsch aufgenommen haben, es möchte sein Sohn Albrecht zu seinem Nachfolger bestimmt werden. Oder hat Rudolf, etwa weil er die Sache noch nicht gehörig vorbereitet glaubte, keinen diesfallsigen förmlichen Antrag gestellt? Zu solchen vorbereitenden Schritten gehören namentlich die grossen Gunstbezeugungen gegen seinen Tochtermann Wenzel. Er bestätigte nämlich (am 25. und 26. Sept.) nicht nur den Erbvertrag, welchen Herzog Heinrich von Breslau mit demselben eingegangen hatte, und nach welchem Wenzel nach des Herzogs Tode die Fürstenthümer Breslau und Schlesien zufallen sollten, sondern belehnte auch seinen Schwiegersohn noch ausdrücklich mit den gedachten Fürstenthümern und mit allen andern Lehen, welche durch des Herzogs Tod ledig geworden waren.[*]

Da König Wenzel für den verstorbenen jungen Herzog Rudolf bereitwillig seine Stimme zugesagt hatte, der König aber gleichwohl die soeben aufgeführten Zusagen für nöthig erachtete, so scheint er nicht die gleiche Willfährigkeit Wenzels für Albrecht vorausgesetzt zu haben. Auch seinen andern Tochtermann, den Herzog Albrecht von Sachsen, welcher gleichfalls dem verstorbenen jungen Rudolf

---

[*] Herzog Heinrich von Breslau war zwar schon am 22. Juli 1290 gestorben, dessen ungeachtet kam Wenzel nicht in den Besitz der Fürstenthümer.

seine Stimme versprochen hatte, suchte der König durch Gunstbezeugungen noch besonders für Albrecht zu gewinnen. Er verlieh nämlich dessen Sohne die Grafschaft Bren und alle anderen Reichslehen, welche durch den Tod des Grafen Otto von Bren ledig geworden waren.

Diesen Bemühungen des Königs zu Gunsten seines ältesten Sohnes wurde ohne Zweifel von andern Seiten entgegengearbeitet. Wir denken hiebei zunächst an den Erzbischof Rudolf von Salzburg. Dieser kam, nachdem er seit 1284 mit Herzog Albrecht von Oestreich in Händel gelegen, auf den Reichstag nach Erfurt, um seine Beschwerden dem König selbst vorzutragen, wurde aber damit abgewiesen, dem Herzog dagegen Recht gegeben. Derselbe mag besonders bei dem Erzbischof Gerhard von Mainz einen fruchtbaren Boden gefunden haben.

So viel ist gewiss, dass gegenüber den Anstrengungen des Königs zu Erfurt, die Kurfürsten für Albrecht zu gewinnen, doch keine einzige Zusage bekannt ist, wie die, welche Wenzel für den jungen Rudolf gegeben hat, dagegen auch keine direkte Abweisung. Es bestärkt uns dies in der Vermuthung, König Rudolf habe erst auf dem Hoftag zu Frankfurt (s. sogleich) den förmlichen Antrag auf Erwählung Albrechts gestellt. Vielleicht hoffte er in Erfurt nun bald die Romfahrt ausführen zu können, deren Unterlassung die widerwilligen Kurfürsten als Vorwand benützen konnten. Nur Herzog Ludwig von Baiern sagte Albrecht vorläufig seine Stimme zu, aber nicht in Erfurt, sondern erst am 7. Sept. 1290 zu Regensburg, wogegen Albrecht demselben die Bestätigung aller seiner Privilegien versprach, wenn er römischer König werde.

Obgleich die Romfahrt auch bis zum Monat Mai des nächsten Jahres noch nicht zur Ausführung gekommen war, und der König von Erfurt her nicht grosse Hoffnung haben konnte, so trat er nun doch auf dem Hoftag zu Frankfurt (20. Mai 1291) mit dem bestimmten Wunsche, sicherlich auch nicht ohne entgegenkommende Zusagen, vor die Kurfürsten, es möchte seinem Sohne Albrecht die Nachfolge im Reich zugesichert werden. Er mag es im Vorgefühl seines nahen Todes gethan haben; denn schon in Erfurt hatte sich Rudolf krank gefühlt, und sein Zustand verschlimmerte sich zur Zeit des Frankfurter Hoftags so sehr, dass auch die Kurfürsten an eine baldige Erledigung des Thrones denken mussten.

Im Gegensatz aber zu den Motiven, welche die deutschen Fürsten bestimmt hatten, als sie 1237 Konrad, den jüngeren Sohn des

K. Friedrich II., zum römischen König erhoben,\*) mochte jetzt es manchem Kurfürsten als seinen Interessen förderlicher erscheinen, wenn er sich freie Wahl vorbehielte und das Reich einige Zeit ohne Oberhaupt wäre. Der Partikularismus machte sich gegenüber von der geschwächten Kaisermacht bereits stark geltend.

Rudolfs Wunsch stiess wirklich bei einem Theil, wohl der Majorität der Kurfürsten, auf Widerspruch. Mit ihren wahren Beweggründen zurückhaltend, die sich bei den Wahlumtrieben klar herausstellten, sollen sie vorgeschützt haben, die Einkünfte des Reichs würden für zwei Könige nicht hinreichen, auch könnten in demselben nicht zwei zugleich die höchste Würde bekleiden. Nach andern Angaben hatten sie aus Schonung gegen den kranken greisen König ihre Entscheidung auf einen späteren Reichs- oder Hoftag verschoben.

Wie aus unsern späteren Erörterungen (zweiten Abschnitt) sich ergibt, gehörten die Erzbischöfe von Mainz und Köln ohne Zweifel zu den Widerwilligen, während ihr College von Trier zugestimmt haben mag.\*\*) Von den drei geistlichen Kurfürsten weiss man auch wirklich, dass sie zu Frankfurt erschienen waren. Weniger gewiss ist, welche von den weltlichen sich eingestellt hatten: wohl die Herzoge von Baiern und Albrecht von Sachsen, Wenzel dagegen wahrscheinlich nicht.

So musste denn der König sehen, wie seine Hoffnungen und jahrelangen Bestrebungen, seinem Hause die Nachfolge auf dem deutschen Throne zu sichern, getäuscht wurden und vergeblich gewesen waren. Sanguinisch konnten seine Hoffnungen in dieser Richtung indess nie gewesen sein, da er hatte erfahren müssen, wie man schon bei Lebzeiten seines Sohnes Rudolf an die Eventualität einer Doppelwahl dachte.\*\*\*)

Gewiss haben diese trüben Erfahrungen den kranken Herrscher noch mehr niedergebeugt, der fast zwei Jahrzehnte hindurch rastlos bemüht gewesen, das nahezu aus den Fugen gehende deutsche

---

\*) Sie hatten die Nachtheile und Gefahren im Auge, welche bei eintretendem Abscheiden des Kaisers der unbesetzte Thron oder eine zwiespältige Wahl für das Gemeinwesen des Reichs haben könnte.

\*\*) Dieser trat noch am Ende des Monats Mai vor den König mit mehreren Bitten, die derselbe in Anbetracht der Treue, mit welcher er dem Reiche stets zugethan gewesen, ihm auch gerne gewährte.

\*\*\*) Urkde. v. 11. März 1287, bei Böhmer S. 387.

Reich zu stützen und wieder zu befestigen, und bei dem nach einem sehr bewegten Leben von Jugend auf die Gebrechen des Alters *) sich auf dem Hoftag zu Frankfurt sehr bedrohlich eingestellt hatten. Gleichwohl fuhr er fort, in mehreren Städten am Rhein mancherlei in Sachen des Reichs zu verfügen, und getraute sich, als er in Germersheim die Stunde des Todes herannahen fühlte, noch die Kraft zu, nach Speier zu seinem Grabe zu reiten, wo er gleich den Tag darauf, am 15. Juli 1291, das Zeitliche segnete.

---
*) König Rudolf ist geboren den 1. Mai 1218.

## Zweiter Abschnitt.

Die Wahlumtriebe in der Zeit von dem Tode des Königs Rudolf I. von dem Hause Habsburg (15. Juli 1291) bis zur Erwählung des Grafen Adolf von Nassau (5. Mai 1292). Die Stimmung für und gegen den Herzog Albrecht von Oestreich auch ausserhalb des Wählerkreises.

„Wand wa man die künge wellet,
Vil dike (oft) es so geuellet,
Das die, die ein künig wellen sont
Alle niemer über ein kont (übereinkommen),
Und das ein misshellunge wirt,
Da mit das rich denne ist veririt,
Das es von den schulden
Muos grossen schaden dulden."

— — — — — — — —

„Wann man ein houpt soll wellen
Da fürcht ich leider, das dik beschehe,
Das ettlich weller (Wähler) mere an seche
Sin selbers nutz denne gemeinen;
Das menglich möchte beweinen,
Die vnder dem selben houpt svn (sollen) leben."*)

Bevor nach dem Tode des Königs Rudolf das deutsche Reich in der Person des Grafen Adolf von Nassau wieder ein Oberhaupt erhielt, waren 10 Monate verflossen. Es ist dies ein kurzes, aber

---

\*) Gedicht Konrads von Ammenhausen, Pfarrers und Mönchs zu Stein am Rhein. Derselbe gehörte einem edlen Geschlechte im Thurgau an und vollendete sein Gedicht im Anfang des Jahres 1337. S. Beiträge zur Geschichte und Literatur des Kantons Aargau. Aarau 1846. Bd. I. 2. Heft S. 172.

immerhin bedeutsames Zwischenreich, denn es beweist, dass die vorzunehmende Wahl auf Schwierigkeiten gestossen ist und die Mehrzahl der Kurfürsten, viel weniger die Gesammtheit derselben, sich nicht sobald auf einen Nachfolger Rudolf's einigen konnte.

Zwar war denselben gar wohl bekannt, dass Herzog Albrecht von Oestreich ernstlicher Bewerber um die deutsche Krone war. Der dahingegangene um das Reich hochverdiente König hatte ja, wie wir wissen, denselben, seinen Sohn, auf dem Reichstage zu Erfurt und dem Hoftage zu Frankfurt hiezu empfohlen. Und auch Albrecht hat sicherlich das Seinige gethan, aber mit Ausnahme der Zusage, welche er von seinem Schwager Herzog Ludwig von Baiern erhalten, (s. unten), waren alle Bemühungen von Vater und Sohn vergeblich gewesen. Der entschiedene, thatkräftige Charakter, die bereits erprobte Tüchtigkeit des Herzogs als Regent und der bedeutende Länderbesitz desselben, all' das hatte nicht vermocht, die Mehrzahl der Kurfürsten für ihn günstig zu stimmen. Diese Vorzüge bewirkten gerade das Gegentheil, während dieselben offenbar stark genug für ihn hätten sprechen müssen in den Augen von Wählern, denen es um noch weitere Befestigung der von König Rudolf mühsam und nothdürftig hergestellten Ordnung und Ruhe im Reiche zu thun gewesen wäre. Denn die Mehrzahl der Kurfürsten wünschte ein Reichsoberhaupt, unter dessen Scepter sie wie vor Rudolf fortfahren konnten, ihre Stellung als Fürsten noch selbstäudiger zu machen und ihren Sonderinteressen ungehindert nach zu gehen.

Sehen wir uns nun in dem Kreise derjenigen weltlichen und geistlichen Fürsten um, welche, zugleich Inhaber von Reichsämtern, seit der Mitte des 13. Jahrhunderts ausschliesslich den römischen König deutscher Nation wählten *), und suchen die Stimmungen und Bestrebungen derselben kennen zu lernen.

Dank einigen wichtigen Entdeckungen, die man neuerdings in den Archiven zu Köln und München gemacht hat, fallen nun nicht nur die zum Theil wirklich fabelhaften Angaben, sondern auch

---

*) Dieselben waren: Der Erzbischof von Mainz, als Erzkanzler des deutschen Reichs, der von Trier als Kanzler des ehedem zu demselben gehörigen Königreichs Arelat (Burgund), der von Köln als Kanzler von Italien (der Lombardei), der Herzog von Baiern als Pfalzgraf bei Rhein (zugleich Truchsess), der Herzog von Sachsen als Marschall, der Markgraf von Brandenburg als Kämmerer, endlich der König von Böhmen als Schenke des deutschen Reichs. Indess war das Kurfürsten-Collegium um jene Zeit noch nicht staatsrechtlich geregelt.

manche Aufstellungen und Combinationen, die man auf unzuverlässige, nicht selten sich widersprechende Berichte von Chroniken hin bis in unsere Tage herein über die Wahl des Grafen Adolf von Nassau zum römischen König gemacht hat. Gestützt auf die urkundlich feststellbaren Resultate dürfte es uns dann auch gelingen, Punkte und Verhältnisse, über welche wir zur Zeit keine historisch verbürgten Mittheilungen besitzen, durch in der Natur der Sache liegende Schlussfolgerungen genügend zu beleuchten. Wir beginnen daher mit dem urkundlich Nachweisbaren, um eine sichere Grundlage für das weniger Feststehende zu gewinnen.

Ludwig, Herzog von Baiern, Pfalzgraf bei Rhein, des Königs Rudolf Tochtermann, stand mit seinem Schwiegervater stets in gutem Einvernehmen. Er ist auch der erste und einzige Kurfürst, welcher nach einer urkundlichen Quelle seinem Schwager Albrecht seine Stimme zum römischen Könige zugesagt hat, und zwar noch zu Lebzeiten des Königs Rudolf. Es geschah solches am 9. Sept. 1290 zu Regensburg, wo man die beiden Fürsten auf ihrer Heimfahrt von dem Erfurter Reichstag beisammen trifft. Dafür versprach Albrecht, er werde nach erlangter Krone seinem Schwager Ludwig alle seine Gerechtsame bestätigen.

Nachdem der Erzbischof Gerhard von Mainz, gestützt auf sein Erzkanzleramt, schon am 7. Sept. 1291 das Ausschreiben zu einer neuen Königswahl auf den 2. Mai des nächsten Jahres hatte ergehen lassen, forderte auch Herzog Ludwig von Baiern als Pfalzgraf bei Rhein am 7. Dez. 1291 zu einer solchen auf, setzte aber hiezu den 25. April 1292 fest. Aus diesem Schritt des Herzogs Ludwig ist abzunehmen, dass derselbe und Gerhard in Bezug auf die Königswahl schon am Ende des Jahres 1291 verschiedene Wege giengen und bereits zwei Parteien bestanden, deren Hauptpersonen eben Ludwig und Gerhard waren, jener für, dieser gegen den Herzog von Oestreich.

Da der Pfalzgraf ohne Zweifel kein Geheimniss aus seinem Throncandidaten gemacht, so war der 25. April der Wahltag für diejenigen Kurfürsten, welche für die Erhebung Albrechts waren. Ludwig wollte ohne Zweifel mit der Ansetzung eines früheren Wahltermins durch seine und der noch zu gewinnenden Kurfürsten Stimmen seinem Candidaten den Sieg verschaffen und dem Erzkanzler zuvorkommen. Das wäre allerdings auch in's Werk zu setzen gewesen, wenn Ludwig noch einige Kurfürsten für Albrecht gewonnen haben würde, und das Kurfürsten-Collegium den Wahlunterweisungen des Pabstes Urban IV. vom Jahr 1263 Folge gegeben hätte. Nach diesen sollte nämlich die Wahl eines römischen Königs schon Geltung haben, wenn sich mindestens zwei Kurfürsten für denselben entschieden hätten und bei Einsprachen von Seiten anderer der Pfalzgraf bei Rhein jenen zwei beigetreten wäre.

Nachdem der Wahl-Termin näher herangerückt war, wurden die Zusagen der beiden Herzoge Ludwig und Albrecht des Weiteren erneuert und gefestet. Letzterer gelobte nämlich am 25. März 1292 zu St. Veit in Steiermark, wenn er römischer König geworden, seinem Schwager Ludwig nicht nur die Bestätigung der Conradin'schen Schenkung *) sondern auch die Anerkennung der Ansprüche desselben auf die Burgen Stolzeneck und Reichenstein (diese Reichsburg), endlich die Belehnung mit den Festen Chammenstein und Dilsberg. Darauf, am 13. April des genannten Jahres, versprach der Pfalzgraf dem Herzog Albrecht mit einem leiblichen Eide, nicht allein dass er für seine Person keinem andern als ihm seine Stimme geben, sondern auch alles aufbieten werde, die andern weltlichen Kurfürsten für dessen Wahl zum römischen König zu gewinnen. Auch weisen die bedeutenden Wahlkosten (3000 M. S.), welche sich der Pfalzgraf von dem neugewählten König Adolf ersetzen liess (s. unten), darauf hin, dass er wirklich Mühe und Kosten nicht gescheut hat, um noch Stimmen für seinen Schwager zu gewinnen, da der von ihm bei der Wahl selbst gemachte Aufwand nicht so bedeutend gewesen sein kann, wenn er, wie berichtet wird, ohne jegliches Gefolge in Frankfurt eingeritten ist (s. unten). Aus der obigen Zusage des Pfalzgrafen Ludwig geht dreierlei klar hervor.

Für's Erste, dass wenige Wochen vor der Wahl keiner der übrigen weltlichen Kurfürsten, weder König Wenzel von Böhmen, noch Herzog Albrecht von Sachsen, noch Markgraf Otto der Lange von Brandenburg dem Herzog Albrecht von Oestreich seine Stimme zugesagt, aber nach der Meinung Ludwigs sich auch noch nicht für einen andern Candidaten entschieden hatte.

Für's Zweite, dass Herzog Ludwig sonach noch hoffen zu können glaubte, es werde ihm gelingen, dieselben oder wenigstens

---

*) Die Herzoge Ludwig und Heinrich von Baiern, Oheime des Konradin von Hohenstaufen, erbten laut Vermächtniss von diesem den Rest der Hohenstaufischen Besitzungen in Schwaben und Franken, worunter wohl auch manches Reichsgut begriffen war.

einen Theil derselben für seinen Schwager zu gewinnen, woraus weiter der für uns so wichtige Schluss zu ziehen ist, dass die schon im Jahr 1291 in Betreff der Wahl getroffenen Verabredungen zwischen Böhmen, Brandenburg und Sachsen (s. unten), noch am 13. April den Herzogen Albrecht und Ludwig unbekannt waren. Denn im andern Fall hätte die Gewinnung Böhmens hingereicht oder die Weigerung desselben die Hoffnung auf Sachsen und Brandenburg benehmen müssen, da nach jenen Abmachungen die genannten zwei andern Kurfürsten vertragsmässig an die Stimme Böhmens gebunden waren. So aber konnten bei der Unbekanntschaft mit dieser Vereinbarung Ludwig und Albrecht selbst nach der erfolglosen Sendung des Grafen von Hohenberg an Wenzel (s. unten) noch auf Brandenburg und Sachsen ihre Hoffnung setzen und man sieht, wie wenigstens in Bezug auf die weltlichen Kurfürsten sich die beiden Schwäger bis in die letzten Wochen vor der Wahl trügerischen Hoffnungen hingaben. Anders war es allerdings gegenüber von den geistlichen, denn es geht für's Dritte aus Ludwigs Zusage vom 13. April hervor, dass die Stimmen der drei geistlichen Kurfürsten um die genannte Zeit als für Albrecht verloren angesehen wurden, mindestens, dass sich Ludwig nach dieser Seite hin keinen Einfluss zutraute.

Zu derselben Zeit, in welcher die Verhandlungen zwischen den Herzogen Albrecht von Oestreich und Ludwig von Baiern zum Abschluss kamen, nach welchen dieser sich eidlich verbindlich machte, nur jenen zum römischen König zu wählen, kam auf der gegnerischen Seite auch eine förmliche Wahl-Capitulation zu Stande, nachdem wie dort so ohne Zweifel auch hier geraume Zeit zuvor unterhandelt worden war.

Es führt uns dies auf einen der geistlichen Kurfürsten, den Erzbischof Sifrid von Köln, von welchem unter den Gegnern des Herzogs von Oestreich allein urkundlich nachgewiesen werden kann, dass er schon vor der Wahl mit aller Entschiedenheit für den Grafen Adolf von Nassau als seinen Candidaten auf den deutschen Königsthron war und wirkte, wie denn dieser Erzbischof höchstwahrscheinlich derjenige Kurfürst gewesen ist, welcher überhaupt zuerst die Aufmerksamkeit auf den genannten, ihm besonders wohl bekannten Grafen gelenkt hat.

Sifrid, vom Geschlechte der Freien von Westerburg, wird uns geschildert als ein Mann voll Ehrgeiz, Herrsch- und Habsucht, die zu befriedigen er sich in der Wahl der Mittel und Wege weder zaghaft noch wählerisch zeigte. Dabei war er thatkräftig, kühn und fehdelustig, kriegserfahren und gegen Strapazen abgehärtet, wie er sich denn auch nicht scheute, den alten Satzungen der Kirche entgegen, gleich einem weltlichen Ritter in Helm und Panzer zu blutigem Strause auszuziehen. Er vereinigte mit der erzbischöflichen Mitra den Herzogshut von Westphalen und hatte so über eine ansehnliche Streitmacht von Vasallen und Dienstleuten zu gebieten. Nach dem, wie wir in Vorstehendem den Charakter dieses Kirchenfürsten geschildert, wird man sich auch nicht wundern über das, was wir zur Zeichnung der Haltung, welche derselbe namentlich auch K. Rudolf gegenüber eingenommen, weiter von ihm berichten werden.

Als König Ottokar von Böhmen sich im Geheimen zum zweiten Krieg gegen Rudolf rüstete und die Treue der deutschen Grossen und Herren durch reiche Geldspenden und grosse Versprechungen wankend zu machen suchte, wandte er sich besonders auch an den Erzbischof Sifrid von Köln mit der Bitte, dieser möchte besonders seine Collegen zu Mainz und Trier von Rudolf ab und auf Ottokars Seite ziehen. Und dass sich Sifrid wirklich mit Eifer und theilweise nicht ohne Erfolg in dieser Richtung bemüht hat, beweist der warme Dank, welchen ihm der Böhmen König durch einen besonderen Abgesandten bezeugen liess; wie die fast nicht nennenswerthe Hilfe, welche K. Rudolf in jenem Krieg von den oberen Reichslanden erhalten hat, überhaupt schliessen lässt, dass das böhmische Gold an vielen Orten die beabsichtigte Wirkung nicht verfehlt hat.

Wie Erzbischof Sifrid von Köln gegen die Satzungen des Landfriedens protestirt, welche König Rudolf auf dem Hof zu Würzburg (1287) erneuert hatte, so führte er wiederholt verheerende Fehden, riss Reichs- und anderes Gut an sich (z. B. die Burgen Kaiserswerth, Cochem u. a.) und erhob bei Andernach und Bonn eigenmächtig Zölle.

Endlich sah sich doch K. Rudolf, nachdem er in den Jahren 1276—1282 fast ausschliesslich mit Oestreich beschäftigt gewesen, genöthigt, dem gesetzlosen und gewaltthätigen Treiben Sifrids Einhalt zu thun, obgleich seine auf Gründung einer Hausmacht zielenden Plane ihm ein rücksichtsvolles Auftreten gegen denselben anempfehlen mussten. Rudolf rückte im August 1282 mit einem starken Heere an den Niederrhein und zwang den Erzbischof, die genannten Burgen und anderes, das dieser widerrechtlich an sich gerissen hatte, heraus zu geben, die ungesetzlichen Zölle abzustellen und den Landfrieden zu beschwören. Nichts destoweniger gieng Sifrid, so lange er auf dem erzbischöflichen Stuhle sass, darauf aus, sogar die reiche Handelsstadt Köln seiner Botmässigkeit zu unterwerfen. Hiebei stand ihm aber wiederum K. Rudolf sehr hinderlich im Wege, denn dieser hatte die Stadt, welche schon unter K. Friedrich II. eine bevorzugte Stellung errungen, vollends reichsunmittelbar gemacht und im Jahr 1275 noch besonders gegen den Erzbischof in Schutz genommen, der in eben diesem Jahr ein Schutz- und Trutzbündniss mit Aachen, der alten Feindin von Köln, schloss.

Nach dem niederrheinischen Feldzug scheint sich das Verhältniss zwischen dem König und dem Erzbischof besser gestaltet zu haben, wenigstens ertheilte letzterer seine Zustimmung zu der Belehnung der Söhne Rudolfs mit Oestreich u. s. w. Den Zug gegen die Stadt Neuss, welche den falschen Friedrich II.\*) anerkannt hatte, mag Sifrid indess eher aus Fehdelust und eigenem Interesse als für des Königs Ansehen unternommen haben.

Als kriegslustiger Herr und Todfeind der Grafen von Berg nahm Sifrid an dem Kriege Theil, welcher über den Besitz des Herzogthums Limburg ausgebrochen und fünf Jahre lang (1283 bis 1288) den Niederrhein schrecklich verwüstete, ohne dass es K. Rudolf gelungen war, demselben Einhalt zu thun. Erst im Jahr 1288 traf dieser, der allerdings auch in andern Theilen des Reichs z. B. in Schwaben sehr in Anspruch genommen war, hiezu ernstliche Anstalten. Sifrid hatte sich auf die Seite des Grafen Reinold von Geldern gestellt, welchem K. Rudolf das Herzogthum zugesprochen, und dem sich auch die Grafen von Flandern, Lützelburg u. a. anschlossen. Gegen diese Partei standen der Graf Adolf von Berg,

---

\*) Die im Volk gehende Sage, Friedrich II. († 1250) werde wieder aus dem Grabe erstehen, benützend, trat 1284 ein gewisser Tilo Kolup oder Friedrich Holzschuh, sonst ein ehrwürdiger Greis, am Niederrhein auf und gab sich für den wiedererstandenen Kaiser aus. In Köln dem Spott der Menge preisgegeben und von da ausgewiesen fand er in vielen Reichsstädten, selbst in Frankfurt und Mainz, ja bei Grafen Glauben und Anerkennung. In Wetzlar forderte er sogar den König Rudolf auf, ihn als Kaiser anzuerkennen und schrieb einen Reichstag nach Frankfurt aus. Aber seine nicht gerade schlecht gespielte Rolle nahm nun bald ein trauriges Ende: K. Rudolf legte sich mit Heeresmacht vor Wetzlar und zwang die Stadt, ihn wieder anzuerkennen und den Pseudo-Friedrich auszuliefern, der im Juli 1285 vor genannter Stadt als Zauberer verbrannt wurde.

welcher indess seine Rechte auf Limburg um eine grosse Geldsumme an den Herzog Johann von Lothringen und Brabant abgetreten hatte, dieser also selbst, ferner die Grafen von der Mark, Jülich u. a., endlich die Stadt Köln. Der verheerende Krieg schloss mit der blutigen Ritterschlacht bei der erzbischöflichen Burg Worringen (zwischen Köln und Neuss) am 5. Juni 1288, in welcher namentlich auch der tapfere Graf Adolf von Nassau, der das Jahr zuvor schon einen Dienstvertrag mit Sifrid abgeschlossen hatte, für diesen stritt. Sifrid wurde, nachdem er mit der grössten Tapferkeit gekämpft, gefangen, wie unter anderen auch genannter Graf. (s. im sechsten Abschnitt hierüber mehr).

Nachdem der Graf von Berg den Erzbischof fast ein Jahr auf seiner neuen Burg an der Wupper in strenger, aber ritterlicher Haft gehalten,\*) kam zwischen beiden Parteien eine Sühne zu Stande und Sifrid wurde frei.

In diesem Kriege und während der Gefangenschaft des Erzbischofs hatten dessen Gegner mehrere erzbischöfliche Burgen zerstört, andere an sich gerissen. Ueberdies hatte derselbe bei dem Friedensschluss seinen Feinden sehr beengende Zusagen machen, die Verpflichtung zu Bezahlung ansehnlicher Schadens-Ersatzgelder übernehmen (s. unten die Wahl-Capitulation vom 26. April 1292), insbesondere auch einen nachtheiligen Vergleich mit der Stadt Köln eingehen müssen.

Um nun der wiewohl eidlich gegebenen Versprechungen \*\*) los zu werden, stellte er im Jan. 1290 dem ihm besonders günstigen Pabste, der sich auch für seine Freilassung aus der Haft nachdrücklichst verwendet hatte, auf's Eindringlichste vor, wie durch die ihm abgenöthigten Zusagen die Kölner Kirche zu grossem Schaden komme und bestimmte denselben, dass er ihn aus apostolischer Machtvollkommenheit seiner Eide entband, dagegen den Grafen Adolf von Berg mit Bann und Interdikt bedrohte, wenn er dem Erzbischof die für die zugesagten, aber noch nicht bezahlten Ersatzgelder verpfändeten Burgen nicht herausgeben würde. Auch beauftragte der Pabst die

---

\*) Nach Ottokar von Horneck wäre die Haft sehr hart gewesen, denn er erzählt, der Erzbischof habe während derselben Rüstung und Helm nicht ablegen dürfen, letzterer, sowie die Handschellen („Manikel") seien ihm nur während der Mahlzeit abgenommen worden.

\*\*) Unter andern auch die, dass er sich zur Bezahlung von 30,000 M. S. verpflichtete, wenn er die gegebenen Zusagen nicht halten würde

Erzbischöfe von Mainz und Trier, die der Kölner Kirche während
des Kriegs entfremdeten Güter einzuziehen, die zum Nachtheil des
Erzbischofs erbauten Burgen schleifen zu lassen, die weltliche Macht
zur Ausführung der Bulle aufzufordern und, wo diese nicht hinreichen
würde, Interdikt und Bann anzuwenden. Die genannten Erzbischöfe
schritten auch wirklich zu Gunsten ihres Collegen gegen die Stadt Köln
ein. König Rudolf aber, den der Pabst noch besonders aufgefordert
hatte, den Grafen von Berg zu zwingen, dass er auf die Schadensersatz-Summe verzichte, gleichwohl aber die demselben dafür verpfändeten Burgen herausgebe, fand sich nicht bewogen, hierauf
einzugehen. Wohl mochte er sich auch daran erinnert haben, dass Sifrid
zur Zeit der zweiten Auflehnung des Königs Ottokar von Böhmen
in den intimsten Beziehungen zu diesem gestanden war. Dagegen
nahm Rudolf bald darauf, im April 1290 auf dem Reichstag zu
Erfurt, einen der Hauptgegner des Erzbischofs, den Herzog von
Brabant, so weit nur irgend seine Macht reichen würde, in Schirm
und Geleit.

Leicht ist aus dem Vorstehenden abzunehmen, dass, als K.
Rudolf seinen ältesten Sohn zu seinem Nachfolger vorschlug, und
dieser nach seines Vaters Tode sich um die deutsche Krone selbst
bewarb, der Erzbischof von Köln entschieden gegen denselben aufgetreten sein wird.

Sifrid beschloss einen Gegen-Candidaten aufzustellen, der, wenn
er in den Besitz der Reichsgewalt gekommen, den Willen und Muth
genug besässe, ihm die Dienste zu leisten, welche für ihn zu übernehmen K. Rudolf sich selbst dem Pabst gegenüber geweigert hatte.
Hiezu ersah er sich den mit ihm verwandten Grafen Adolf von
Nassau, Besitzer einer kleinen Grafschaft, seinen Vasallen und
Bannerführer in der Schlacht bei Worringen, einen Mann, dem auch
seine grössten Feinde wenigstens den Ruhm hoher Tapferkeit nicht absprechen konnten. (s. im sechsten Abschnitt). Und warum sollte dem
Kölner Erzbischof nicht allererst die Idee der Wahl des Nassauer
Grafen, der ihm so nahe stand, gekommen sein? Warum sollte
nicht ihm zunächst der Graf, wie er diesen kennen zu lernen
Gelegenheit gehabt, vor vielen andern als der geeignete Mann erschienen sein, durch dessen Beihilfe als König er seine Plane noch
am ehesten werde erreichen können? Dass Sifrid von Köln den
ersten Anstoss zur Wahl Adolfs von Nassau gegeben, darauf weisen
auch die eigenen Worte des letzteren hin, in welchen er unter dem

29. Mai 1292 in Gegenwart vieler weltlichen und geistlichen Herren dem Erzbischof das Zeugniss gibt, dass, dieser ihn »primo et principaliter« zum römischen König erhoben habe. Damit wollte Adolf dem Kirchenfürsten doch wohl nicht eben nur ein Compliment machen, sondern offenbar die Zusage von so vielen und grossen Gegendiensten rechtfertigen. Dabei konnte Sifrid, indem er den Nassauer Grafen zu seinem Thron-Candidaten machte, auch auf die Zustimmung seines so einflussreichen Collegen zu Mainz rechnen, da auch dieser ein Anverwandter des Grafen war, und seine (Sifrids) Forderungen den Interessen von Mainz in keiner Weise im Wege standen. Und der Graf trug in allzugrossem Selbstvertrauen kein Bedenken, seinen tapferen Arm nach der deutschen Krone auszustrecken, deren Glanz ihm so verlockend erschien, dass er der Führlichkeit des Pfades, welcher ihn zu dem hohen Ziele führte, nicht achtete.

Um nun seinen Candidaten auch durchzusetzen, knüpfte Sifrid sicherlich geraume Zeit vor der Wahl Unterhandlungen an mit andern Kurfürsten, urkundlich mit K. Wenzel von Böhmen, zunächst aber ohne Zweifel mit dem Erzbischof Gerhard von Mainz, deren Abneigung und Hass gegen das Haus Habsburg und besonders den Herzog Albrecht von Oestreich ihm wohl bekannt war. Es gelang ihm auch, die genannten Kurfürsten für den Grafen zu gewinnen, und er sah schon vor der Wahl die Majorität der Stimmen für seinen Candidaten als gesichert an, weil, wie wir bereits vorläufig bemerkt, der König von Böhmen durch ein Abkommen mit Sachsen und Brandenburg auch diese Stimmen in seiner Hand vereinigt hat.

Richtig geben zwar zwei gleichzeitige Chroniken an, dass der Erzbischof Sifrid von Köln es gewesen, welcher den ersten Anstoss zur Erhebung des genannten Grafen auf den deutschen Königsthron gegeben; der urkundliche Nachweis hievon sowie von den Verhandlungen zwischen dem Erzbischof von Köln und dem König von Böhmen ist indess erst vor ganz Kurzem in einem Dokument beigebracht, welches Dr. L. Ennen, Stadtarchivar in Köln, aufzufinden das Verdienst gehabt hat. Dasselbe ist datirt vom 26. April 1292 und enthält die höchst interessante ausführliche Wahl-Capitulation zwischen Sifrid und Adolf von Nassau.

Das »Datum« dieser Urkunde (26. April) ist besonders beachtenswerth. Auf den Tag vorher hatte, wie wir wissen, der Pfalzgraf bei Rhein, welcher ganz entschieden für die Wahl des Herzogs Albrecht von Oestreich gewesen (S. oben S. 16) seinen Wahltermin angesetzt;

dieser war aber ganz unbeachtet vorüber gegangen. Daraus war abzunehmen, dass Albrecht nur auf die Stimme des Pfalzgrafen rechnen konnte. Und nun schritten Sifrid und sein Candidat, nachdem ihre Sache so günstigen Ausgang versprochen, unverweilt dazu, ihre Wahl-Capitulation durch Zeugen und Siegel bekräftigen zu lassen.

Da aber in derselben noch der Fall vorgesehen ist, es könnten einige Kurfürsten einen andern Candidaten aufstellen und wählen (s. unten Pkt. 12) — wobei man nur an den Herzog von Oestreich zu denken hat, da nirgends von einem dritten eine Andeutung gegeben wird — so müssen die verschiedenen Punkte der Wahl-Capitulation vor dem 25., bez. 26. April verabredet worden sein, überhaupt die Verhandlungen Sifrids mit andern Kurfürsten und dem Grafen Adolf von Nassau vor dem genannten Tage begonnen haben und zum Abschluss gekommen sein\*), wie auch die Zeit von da bis zum 2. Mai, dem von dem Erzkanzler angesetzten Wahltag, hiezu offenbar zu kurz gewesen wäre.

Wir geben in Folgendem die wesentlichen Punkte der fraglichen Wahl-Capitulation.

Allererst veranlasste, wie das Actenstück berichtet, der Erzbischof den Grafen zu dem Versprechen, er wolle, wenn er römischer König geworden, einen Kreuzzug unternehmen.

Wie bekannt, war nämlich Akkon (Polemais) als die einzige Besitzung der Christen von den Kreuzzügen her noch in dem letzten Regierungsjahr des Königs Rudolf (18. Mai 1291) in die Hände der Ungläubigen gefallen. Das Versprechen eines bewaffneten Zugs in das heilige Land hatte derselbe schon bei seiner Krönung in Aachen (24. Oktober 1273) gegeben, als man ihm, wie die gleichzeitige Colmarer Chronik erzählt, berichtet, es sei während derselben eine Wolke in Form eines Kreuzes, anfänglich weiss, später aber blutroth, eine Stunde lang sichtbar gewesen.

Später, bei der Zusammenkunft mit dem Pabste zu Lausanne (Okt. 1275), nahmen Rudolf, die Herzoge von Baiern und Lothringen mit 500 Herren und Rittern von dem Pabst das Kreuz und gelobten in's heilige Land zu ziehen. Rudolf war aber im deutschen Reiche vollauf beschäftigt, auch fehlte es sonst an der nöthigen Begeisterung.

---

\*) Dies beweist auch Pkt. 7 der Wahl-Capitulation. — (s. unten). Wegen der vielen, zum Theil höchst belangreichen Verhältnisse, in welche dieselbe eingriff, musste sie möglichst lange geheim gehalten werden.

So kam der von dem König gelobte Kreuzzug nicht zu Stande und Akkon gieng verloren. Darauf forderte Pabst Nicolaus IV. alle Christgläubigen auf den Sommer 1293 zu einem bewaffneten Zug nach Palästina auf und liess in den deutschen Gauen das Kreuz predigen.

Um nun den Pabst und die Kreuzprediger für Adolf von Nassau günstig zu stimmen, musste dieser das Versprechen eines Kreuzzugs geben.

Der gleissnerische Kirchenfürst, welcher sich nicht scheute das Kreuz des Erlösers, das Zeichen der Liebe und Versöhnung, zur Verfolgung seiner selbstsüchtigen Zwecke zu missbrauchen, legt nämlich im Eingang der Wahl-Capitulation dem Grafen folgendes fromme Motiv zu seiner Bewerbung um die deutsche Krone und Ertheilung der nachfolgenden Zusagen in den Mund: Es sei, lässt er denselben sagen, schon längst sein fester Entschluss gewesen, zum Schutze des Kreuzes nach Palästina zu ziehen; da dies aber zur Ehre Gottes und Wiedergewinnung des h. Landes leichter und wirksamer geschehen könne, wenn er mit Gottes Gnade und durch die Bemühungen des Erzbischofs von Köln zum römischen König erwählt sein würde, so verspreche er um dieses Ziel zu erreichen demselben eidlich folgendes:

1) die Reichsburgen und festen Plätze Kaiserswerth, Kochem, Rheineck, Landskron, Sinzig, Duisburg und Dortmund, welche Sifrid vordem im Besitz gehabt, aber in Folge der für ihn unglücklich ausgefallenen Schlacht bei Worringen an seine Gegner verloren hatte, demselben wieder zu überantworten, auch ihn in deren Besitz und Genuss zu beschützen, sich selbst und dem Reiche aber nur das Oeffnungsrecht für dieselben vorzubehalten;

2) den Grafen Adolf von Berg zu zwingen, dass er auf die bedeutende Schadensersatz-Summe von 12,000 Kölner Mark verzichte, welche der Erzbischof bei der zu Stande gekommenen Sühne demselben zu bezahlen vertragsmässig versprochen hatte, überdies die ihm dafür pfandschaftlich überwiesenen Burgen Wied, Lechenich, Waldenberg, Rodenberg und Aspel, sowie das Städtchen Deutz herausgebe. Ferner werde er das Erzstift Köln wieder in den Besitz und ruhigen Genuss der Vogtei und des Gerichts von Essen mit den dazu gehörigen Höfen einsetzen und erhalten, auch die Burg Zeltingen, welche nebst den dazu gehörigen Gütern in Ratich der Graf

von Veldenz während der Gefangenschaft des Erzbischofs an sich gerissen hatte, aus der Gewalt desselben wieder frei machen.

3) gieng Graf Adolf gegen Sifrid die Verpflichtung ein, ihn gegen den Herzog von Brabant, die Grafen von Flandern u. a. im Besitz der Burgen Wassenberg und Lindberg mit bewaffneter Hand zu schützen, auch gegen alle diejenigen mit königlicher Macht einzuschreiten, welche den Erzbischof an dem Wiederaufbau der während seiner Gefangenschaft zerstörten Burgen Worringen, Isenburg, Werl, Menden, Raffenberg, Volmestein, Hallenberg u. a. hindern würden.

4) versprach er, den Erzbischof im Besitz der von K. Rudolf seiner Kirche übertragenen Schirmvogtei über das Kloster Corvei zu schützen und sämmtliche diesem entrissene Burgen zurückzuerobern.

5) werde er die Privilegien, welche das Erzstift Köln bezüglich der Zölle zu Andernach und Rheinberg von Kaisern und Königen erhalten, bestätigen und erneuern, auch auf die Forderung verzichten, welche er noch von der Worringer Schlacht her an den Erzbischof zu machen hatte und für welche ihm dieser einen Theil des Andernacher Zolls verpfändet hatte. Desgleichen wolle er die Ansprüche, welche sein Vetter Gr. Heinrich von Nassau gleichfalls von der Worringer Schlacht her an den Erzbischof zu machen hatte, auf sich nehmen, beziehungsweise die Erlassung derselben bewirken.

6) versprach der Graf dem Erzbischof zur Bestreitung (resp. als Ersatz) der im Dienste des Reichs, d. h. wohl in Sachen der Wahl zu machenden\*) Ausgaben, die Auszahlung von 25,000 Mark Silber, wofür er mit Zustimmung der Grafen Heinrich und Emich von Nassau demselben zu grösserer Sicherheit die Burgen Nassau, Dillenburg, Ginsberg und Siegen, ferner die Festen Braubach, Limburg, Rheinfels etc. mit Zustimmung deren Besitzer verpfänden, überdies noch fünfzig Bürgen aus dem Stande der Freien und Ritter stellen wollte. Unter den 25,000 M. S. sind ohne Zweifel die Auslagen des Erzbischofs bei der Wahl und die Gelder begriffen, welche derselbe bei seinen Wahlumtrieben benöthigt war.

---

\*) Wohl zu merken: Nicht gemachten. Wichtig in Betreff der Zeit der Verhandlungen zwischen Sifrid und Adolf.

7) gab Adolf das Versprechen, er wolle die Gunst und die Freundschaft des Markgrafen Otto von Brandenburg mit dem Pfeil zu gewinnen suchen, damit dieser der von dem Erzbischof betriebenen Erwählung des Grafen zustimme. (s. unten die Wahlumtriebe des Königs von Böhmen).

8) versprach er, den auf der Seite des Erzbischofs stehenden Grafen Walram von Jülich im Besitz dieser Grafschaft gegen die Ansprüche der Hinterlassenen von dessen Bruder Wilhelm, sowie gegen den Herzog von Brabant und den Grafen von Flandern zu schützen.

9) bezüglich der Streitigkeiten des Erzbischofs mit der Stadt Köln gab der Graf das Versprechen, er wolle die Bürger derselben zwingen, dass sie ihre Frevel durch eine entsprechende vom Erzbischof selbst festzusetzende Geldbusse sühnen; dieselben, wenn sie sich weigern sollten, solche Strafe zu erlegen, in die Reichsacht erklären und ihre Güter sequestriren, auch dem Erzbischof gegen sie und ihre Helfer mit aller Macht und auf eigene Kosten beistehen. Ferner versprach Adolf, wenn die Stadt Köln sich auf dem Wege des Vergleichs oder der Gewalt dem Erzbischof unterworfen, keine Huldigung von derselben zu verlangen, sondern in weltlichen und geistlichen Dingen den Erzbischof als deren rechten Herrn anzuerkennen.

10) gab er dem Erzbischof die Zusage, weder den Grafen von Berg noch den von der Mark, noch den Herzog von Brabant, noch irgend einen andern Feind der Kölner Kirche in den königl. Rath oder an den Hof aufzunehmen, auch das Schultheissenamt zu Aachen nur dem zu übertragen, welchen der Erzbischof hiefür vorschlagen würde.

11) versprach der Graf dem Erzbischof, mit den zum Reich gehörigen Herzogthümern Oestreich und Limburg keinen zu belehnen oder über dieselben sonst zu verfügen ohne des Erzbischofs ausdrückliche Zustimmung. *) Dieser Artikel steht ganz am Ende der Urkunde, nach Erwähnung der Zeugen und der eidlichen Zusagen derselben, selbst nach den üblichen Schlussworten. **) Es will uns daher fast bedünken, er habe

---

*) Diesem höchst interessanten, in Bezug auf Oestreich räthselhaft klingenden Punkte hat Ennen a. a. O. keine Beachtung geschenkt.

**) „Sigilla nostra presentibus in testimonium apponentes."

auch den eingeweihten Zeugen gegenüber eine geheime Punktation gebildet, die an und für sich und insbesondere auch für das Verhältniss zwischen dem Erzbischof Sifrid von Köln und dem K. Wenzel von Böhmen in Betreff der vorliegenden Wahlsache höchst wichtig ist, ihre nähere Erklärung aber unten bei den Wahlumtrieben des Böhmenkönigs finden wird.

12) Da Sifrid mit richtigem Blick voraussah, Adolfs Nebenbuhler, der mächtige Herzog von Oestreich, werde, wenn er auch nur einige Stimmen bei der Wahl erhalten, sich der Majorität nicht fügen, so musste der Graf versprechen, er werde auch in diesem Fall von seinem Recht auf die Krone nicht abstehen, mit andern Worten, alsdann den Kampf mit seinem Rivalen aufnehmen.

13) wolle er den Erzbischof von Köln um die Weihe zu Aachen nicht angehen, viel weniger dazu drängen, bevor er als erwählter König demselben volle Sicherheit gegeben, dass er alle gegebenen Zusagen getreulich halten werde.

14) Schliesslich verbriefte Graf Adolf von Nassau nicht nur dem Erzbischof von Köln, sondern den Kurfürsten überhaupt folgendes schmähliche Zugeständniss: Sollte er sein Wort brechen oder sich weigern, seinen Versprechungen nachzukommen oder genügende Sicherheit dafür zu stellen, so werde er des durch die Wahl der Kurfürsten auf die Krone erworbenen Rechtes verlustig, und wolle keinen Widerspruch erheben, wenn dieselben auf den Antrag des Erzbischofs von Köln zu einer Neuwahl zusammentreten und an seiner Stelle einen anderen Fürsten auf den deutschen Königsthron erheben. An dieses Zugeständniss seines Candidaten konnte der Kölner Erzbischof seine Unterhandlungen mit andern Kurfürsten knüpfen.

Mit den aufgeführten gegen Sifrid eidlich übernommenen Verpflichtungen scheute sich Graf Adolf nicht, Lande, Besitzungen und Rechte des Reichs selbstsüchtigen Zwecken zu opfern, den Bruch von in aller Form Rechtens abgeschlossenen Verträgen zu sanctioniren und nöthigen Falls mit Gewalt zu unterstützen.

Mit seinen Zusagen (namentlich Pkt. 12) stürzte er voraussichtlich das Reich in einen Bürgerkrieg und sich in eine Reihe von Privatfehden, welche siegreich zu bestehen er nur mit Streitkräften des Reichs hoffen konnte, und durch welche der Landfriede, den er als König zu erhalten und zu schützen hatte, gewaltig erschüttert werden musste.

Er gieng die Verbindlichkeit zu Zahlung von Geldsummen ein, welche, wenn sie ihm möglich, er nur aus Reichsmitteln hätte beschaffen können. Ferner band er sich auf eine schmachvolle Weise auch die Hände in seinen Privat-Verhältnissen.

Der Graf musste in der That eine sehr hohe Meinung von der Macht und den Hilfsquellen eines römischen Königs gehabt und zu sanguinische Hoffnungen auf seine Tapferkeit und sein Glück gebaut haben, dass ihn bei der schmählichen Erklärung (Pkt. 14) nicht der Gedanke beschlich, er unterzeichne damit zum Voraus sein Absetzungs-Decret. Oder sollte er leichtfertig dem Erzbischof von Köln und anderen Kurfürsten eine Reihe schwer zu haltender Zusagen gemacht haben, weil er sich mit dem Hintergedanken trug, seie er nur einmal im Besitz der Krone und der damit verbundenen Macht, so werde sein tapferer Arm schon im Stande sein, jene auch gegen die mit ihm unzufriedenen Kurherren festzuhalten? In der That nahm Adolf, römischer König geworden, gegenüber von den Kurfürsten insbesondere dem von Mainz in dem Masse eine immer selbständigere Haltung an, als er seine Stellung gesicherter und gefestigter glaubte. (s. im sechsten Abschnitt).

Jene im Pkt. 11 der dem Kölner Erzbischof gegebenen Versprechungen Adolfs enthaltene räthselhafte Klausel in Bezug auf Oestreich, welche, wie wir bald sehen werden, sich auf König Wenzel von Böhmen bezieht, leitet uns zu diesem, als einem der weltlichen Kurfürsten des deutschen Reichs über. Auch von demselben kann urkundlich nachgewiesen werden, dass er bei Zeiten, schon im Jahr 1291, eine grosse Thätigkeit in der Wahlangelegenheit entwickelt und sich auf die Seite der Gegner des Herzogs von Oestreich gestellt hat.

Auf dem Reichstag zu Augsburg (im Jahr 1275), zu welchem König Ottokar von Böhmen und Herzog Heinrich von Niederbaiern ihre Bevollmächtigten abgeordnet hatten, entstand zwischen diesen Streit über dem Wahlrecht der genannten, sonst miteinander verbündeten Fürsten. Der anwesende Pfalzgraf Ludwig und die niederbaierischen Machtboten behaupteten, dass Baiern als einem Gesammtherzogthum des römischen Reichs von alten Zeiten her eine Stimme zugekommen sei, und die beiden Herzoge, Ludwig und Heinrich, Brüder, bei den Wahlen Richards und Rudolfs solche baierische Stimme nach einmüthig erfolgter Verwerfung des von dem böhmischen Bevollmächtigten dagegen erhobenen Widerspruchs ausgeübt hätten.

Diese Behauptung erkannte das vorsitzende Reichsoberhaupt König Rudolf als wahr an, und sonach scheint die damalige Reichsversammlung Böhmen von dem Kur-Collegium ausgeschlossen zu haben, insofern über keine weitere Wahlstimme zu verfügen war, so lange man an der Zahl Sieben festhalten wollte. Dieser allem nach (s. unten) nicht objektiv und gründlich genug discutirte Reichstagsbeschluss darf uns nicht wundern. Das vor Kurzem erst aufgekommene Institut der Kurfürsten war noch nicht gehörig festgestellt; über den Böhmenkönig als einen ungehorsamen Reichsfürsten hatte derselbe Reichstag zu Gericht gesessen. Zwar war Herzog Heinrich von Niederbaiern, zu dessen Gunsten sich Rudolf ausgesprochen, der Verbündete Ottokars; aber des Königs ergebenster Tochtermann, der Pfalzgraf Ludwig, welchem in dieser Eigenschaft die vierte Kurstimme zukam, gewann dadurch zugleich eine halbe Stimme weiter bei der Königswahl.

Thatsächlich aber hat sich Ottokars Sohn Wenzel seines kurfürstlichen Rechtes nie ganz begeben, in sofern er sogar Willbriefe in Reichssachen ausstellte. Inzwischen hatten sich auch die Beziehungen K. Rudolfs zu dem böhmischen Königshause und den Herzogen von Niederbaiern anders gestaltet. Wenzel war Rudolfs Tochtermann geworden. (S. oben S. 5.) Herzog Otto von Niederbaiern, Heinrichs Sohn, hatte zwar auch eine Tochter des Königs heimgeführt, aber nach dem frühen Tode derselben (1282) waren über deren Mitgift zwischen Niederbaiern und Herzog Albrecht von Oestreich heftige und langwierige Zerwürfnisse ausgebrochen, in Folge deren wir den Herzog Otto unten auf der Seite von Albrechts Gegnern treffen werden.

Als so Rudolfs und seines Hauses Verhältnisse zu Böhmen und Niederbaiern andere geworden waren und sein Bestreben unablässig sich dahin richtete, seinem Geschlecht die Nachfolge im Reich zu sichern, sah er sich veranlasst, auf dem Reichstag zu Erfurt (1289—1290) auf's Neue nachforschen zu lassen, welche Rechte im Reich und bei der römischen Königswahl von Alters her dem Könige von Böhmen zukomme, und bestätigte auf Grund dieser Ermittlungen Wenzel und dessen Nachkommen ihr Reichs-Schenkenamt und Stimmrecht.

Im Besitz einer sehr ansehnlichen Fürstenmacht und grosser Reichthümer kam es indess die böhmischen Könige Ottokar und Wenzel schwer an, sich als Vasallen des deutschen Reichs zu betrachten, obgleich sowohl König Rudolf als seine beiden Nachfolger bei Forderung der Pflichten als Vasallen und Inhaber eines Reichsamtes ihnen viel schonende Rücksicht angedeihen liessen.*)

Zum Verständniss der Beziehungen zwischen K. Wenzel von Böhmen und dem Herzog Albrecht von Oestreich, mit dessen Schwester Guta jener vermählt war, müssen wir, soweit es unsern Gegenstand angeht, auf die Friedensverträge zurückgehen, welche der römische König Rudolf und K. Ottokar von Böhmen, die Väter der genannten beiden Fürsten, mit einander abgeschlossen haben.

In dem Friedensschluss vom 21. Nov. 1276 verzichtete K. Ottokar auf die Herzogthümer Oestreich, Steiermark, Kärnthen, Krain, die Stadt Eger mit Zugehör etc. Dagegen versprach König Rudolf seine Tochter Guta Ottokars Sohn Wenzel zur Ehe und derselben eine Mitgift von 40,000 Mark Silber, wofür er 4000 Mark jährlicher Einkünfte von demjenigen Theile des Herzogthums Oestreich, welcher links von der Donau, an den Grenzen von Böhmen, Mähren und Ungarn liegt, in der Weise verpfändete, dass seine Tochter kein Erbrecht daran haben, dagegen diese Pfandschaft, wenn deren Gemahl ohne Kinder stürbe, an die Krone von Böhmen fallen sollte.

Unter dem 6. Mai 1277 änderte K. Rudolf seine Zusage vom 21. Nov. 1276 in Betreff der Mitgift seiner Tochter Guta sehr wesentlich dahin ab, dass er dieser Eger mit allem Zugehör als Pfandschaft für 10,000 M. S. zur Mitgift versprach. Ueberdies sollten nun alle Burgen, Städte und sonstige Besitzungen, welche zu Oestreich gehörten, aber von K. Ottokar oder dessen Helfern in

---

*) König Rudolf I. sagte im Frieden vom Sept. 1277 dem Ottokar zu, ihn innerhalb einer noch zu bestimmenden Zeit wider seinen Willen nicht zu einem Hoftag berufen zu wollen. — König Adolf gestattete wenige Tage nach seiner Krönung, dass vorläufig ein Dritter für Wenzel die Belehnung mit seinen Fürstenthümern empfangen sollte, und dass sich derselbe später nach seiner Bequemlichkeit persönlich dazu einfinden möge. — Als K. Wenzel bei dem grossen Hoffeste zu Nürnberg (Nov. 1298) das Schenkenamt persönlich verrichtete, erklärte sein Schwager Albrecht, der nunmehrige König, dass solches nicht aus Schuldigkeit, sondern persönlicher Anhänglichkeit geschehen sei, und dass die Könige von Böhmen, wenn sie von den römischen Königen zu einem Hoffeste geladen werden, vor diesen „unter Kronen gehen dürfen."

Besitz genommen waren, dem römischen Könige herausgegeben und die Grenzen von Böhmen, Mähren und Oestreich wieder so hergestellt, wie solche früher unter den Herzogen Lupolt und Friedrich von Oestreich, bestanden, dagegen dem K. Ottokar auch alles zu Böhmen gehörige aber in Oestreich gelegene Gut zugestellt werden.

In dem dritten Friedensvertrag vom 12. Sept. 1277 wurde der Heirathsabrede und versprochenen Mitgift gar nicht mehr erwähnt; Ottokar gelobte, den Vertrag vom 6. Mai des genannten Jahres in seinem ganzen Umfange zu halten, jedoch mit Vorbehalt der Regulirung der Grenzen von Böhmen, und K. Rudolfs Sohn Albrecht, der nachmalige Herzog von Oestreich, beschwor im Namen seines Vaters das unverbrüchliche Festhalten an dem Vertrage.

Dieser wiederholten Friedensverträge ungeachtet glaubte sich Ottokar bald berechtigt, über Eingriffe des römischen Königs in seine Rechte auf Land und Leute Beschwerde zu führen, auch kam es an den Grenzen bald zu Fehden zwischen dem böhmischen und östreichischen Adel. Und im Juni des nächsten Jahres stand wie bekannt der Böhmenkönig, welcher den Verlust der schönen Herzogthümer ebensowenig hatte verschmerzen, wie seine untergeordnete Stellung als Vasall des deutschen Reichs ertragen können, mit Heeresmacht gegen K. Rudolf auf, verlor aber gegen diesen in der Schlacht auf dem Marchfeld (26. Aug. 1278) Krone und Leben. Nichts destoweniger aber kam die Heirath zwischen Ottokars Sohn Wenzel und Rudolfs Tochter Guta, sowie auch später die von des letzteren Sohn Rudolf mit Wenzels Schwester zum Vollzug; die Herzogthümer Oestreich, Steiermark und Kärnthen aber verlieh Rudolf, erstere zwei seinem Sohne Albrecht, letzteres dem Grafen Mainhardt von Tirol, Albrechts Schwiegervater.

Noch rufen wir, bevor wir zur Ausmittlung der Stellung schreiten, welche Wenzel in der vorliegenden Wahl eingenommen, seines Vaters Haltung bei der des Grafen Rudolf von Habsburg zum römischen König unsern Lesern in's Gedächtniss zurück.

Nachdem K. Ottokar aus Stolz und Bequemlichkeit die ihm zwei Mal angebotene deutsche Krone zurückgewiesen hatte, betheiligte er sich bei der Wahl Rudolfs nur in so weit, als er durch seinen dazu nach Frankfurt gesandten Bevollmächtigten gegen dieselbe protestiren liess. Da sich aber bei dieser alle übrigen sechs Kurfürsten auf den Gewählten vereinigt hatten, so war dieser Protest natürlich erfolglos und Ottokar kam auch mit den Bedingungen, unter denen er Rudolf nachträglich anerkennen wollte, zu spät. Als durch des Habsburgers Tod der deutsche Königsthron abermals erledigt worden war, nahm Böhmen, dessen Politik unter Wenzel der staatskluge Probst von Meissen, Bernhard von Kamenz, leitete, in der Wahlangelegenheit eine ganz andere Haltung an. Man beschloss aus seinem Wahlrecht möglichst grosse Vortheile zu ziehen, und zu dem Ende seine Stimme an die vorgängige Gewährung von gestellten Bedingungen zu knüpfen. Die Stellung Wenzels gegenüber von seinem Schwager Herzog Albrecht von Oestreich, dem bekannten Thron-Candidaten, war von vorneherein hiezu ganz günstig. Wohl war der junge Böhmenkönig, wie wir bereits wissen (s. oben), zu Lebzeiten seines Schwiegervaters und so lange man den mit seiner Schwester vermählten Sohn desselben im Auge gehabt, nicht gegen die Nachfolge des Habsburgischen Hauses auf dem deutschen Throne gewesen. Als aber K. Rudolf die Wahl seines ältesten Sohnes Albrecht wünschte, und dieser selbst als vorläufiger Candidat auftrat, gab Wenzel trotz der ihm zu Erfurt erwiesenen Gunstbezeugungen des Königs, und der ihm von seinem stolzen Schwager dorten dargebrachten Huldigung, so viel bekannt, keine diesfallsige Zusage, oder zog, wenn er je eine solche gegeben, sie später zurück, da die ihm von dem König ertheilte Belehnung mit Schlesien keine Folge hatte.

Böhmen behielt sich also freie Hand gegenüber von dem Herzog von Oestreich, dem ersten Bewerber um die erledigte deutsche Krone. Und nicht ohne sehr erhebliche Gründe, denn alte wichtige Abmachungen zwischen dem Böhmenkönig und dem Hause des dahingegangenen Königs, beziehungsweise dem neugeschaffenen Habsburg-Oestreich, waren noch nicht oder wenigstens nicht nach den berechtigten Erwartungen Wenzels erledigt. Vor Allem war die Angelegenheit der Mitgift der an diesen vermählten habsburgischen Tochter und Schwester Albrechts nach keiner der von deren Vater ertheilten Zusagen geregelt und gesichert, sogar nicht die darauf basirten Pfandschafts-Rechte Böhmens an Eger mit Zugehör,*) vielweniger die vorher von König Rudolf versprochene Verpfändung des links von der Donau gelegenen Theils von Oestreich. Dagegen

---

*) Geht aus der Heirathsabrede zwischen K. Wenzel und dem nachmaligen König Adolf von Nassau und der eigenmächtigen Besitzergreifung des ersteren hervor (s. unten S. 35.)

Ist die Stipulation des Vertrags vom 6. Mai 1277, welche von Böhmen die Herausgabe von in Oestreich gelegenen Burgen, Städten etc. verlangte, nach dem unglücklichen Ende Ottokars und während der mehrjährigen Anwesenheit des K. Rudolf in Oestreich ohne Zweifel vollzogen worden. Sonst bot der von Ottokar am 12. Sept. 1277 gemachte Vorbehalt in Betreff der Regulirung der Grenzen von Böhmen noch manchen Anhaltspunkt zu späteren Ansprüchen und Forderungen Wenzels gegenüber von seinem Schwager Herzog Albrecht von Oestreich.

Da die Mitgifts-Angelegenheit, wie so manches andere bei Rudolfs Tode überhaupt nicht entschieden und geregelt war, so konnte sich Wenzel für berechtigt halten, das Heirathsgut seiner Gemahlin, wie solches ursprünglich zugesagt worden, zu verlangen. Mit diesem und anderem war er zunächst an seinen Schwager Albrecht als Inhaber des Reichslandes Oestreich und vieler dortigen grossen Lehen um so mehr gewiesen, als derselbe im Namen seines Vaters dessen letzten Friedensvertrag beschworen hatte.

Man sieht aus dem Vorstehenden, dass K. Rudolf bei seinem Abscheiden sehr wichtige Fragen zwischen seinem und dem böhmischen Königshause zunächst seinem ältesten Sohne Albrecht unerledigt zurückgelassen, und es erinnert dies unwillkürlich daran, dass er auch d i e Zusage, seinen an Wenzels Schwester vermählten Sohn Rudolf oder dessen Erben gegenüber von Albrecht für Oestreich etc. entschädigen zu wollen, diesem gleichfalls unerfüllt hinterlassen hat. (S. im ersten Abschnitt S. 7.)

Eben dieses wird sonst häufig als derjenige Haupt-Differenzpunkt zwischen Wenzel und Albrecht bezeichnet, welcher die Wahl des letzteren von Seiten Wenzels verhindert hat (s. unten), aber gewiss mit Unrecht. Jedenfalls wäre die Forderung Wenzels, sein Schwager solle das väterliche Erbe ihres beiderseitigen Neffen Johann herausgeben, unberechtigt gewesen, da dieser, im Jahr 1291 noch ein Wiegenkind, gesetzlich unter der Vormundschaft seines Oheims Albrecht stand, zudem war die oben erwähnte Entschädigung von Johanns Vater in dem genannten Jahre noch nicht einmal festgestellt. Endlich mag schliesslich wenigstens nicht unerwähnt bleiben, dass rein persönliche Differenzen und Verstimmungen der beiden fürstlichen Schwäger, welche in der grossen Charakter-Verschiedenheit derselben ihren Grund hatten, den Bestand guter Beziehungen zwischen denselben erschwerten und leicht störten.

Nachdem wir unsern Lesern einen allgemeinen Einblick in die Verhältnisse eröffnet haben, wie solche bei dem Abscheiden des Königs Rudolf zwischen Wenzel von Böhmen und Albrecht von Oestreich, als dem Haupterben des vorigen Königshauses, bestanden, suchen wir auszumitteln, welche Thätigkeit der Böhmenkönig in Sachen der bevorstehenden Wahl entwickelt, welche Stellung er insbesondere dem bekannten Thron-Candidaten, seinem Schwager Albrecht, gegenüber eingenommen hat.

Zwei Mal, in rascher Aufeinanderfolge, zuletzt am 8. Oktober 1291 zu Eger, trifft man K. Wenzel von Böhmen in freundlichem Verkehr mit dem Herzog Ludwig von Baiern und Pfalzgrafen bei Rhein. Da schieden die beiden Fürsten mit dem Versprechen, einander gegen Jedermann mit Rath und That helfen und in keiner Weise verlassen zu wollen.

Wenn nach der am 7. Sept. erfolgten Wahlaufforderung von Seiten des Erzbischofs von Mainz überhaupt angenommen werden kann, dass bei der so eben erwähnten Zusammenkunft der genannten zwei Fürsten die bevorstehende Königswahl neben anderen Angelegenheiten wenigstens besprochen wurde, so lässt ein solches wiederholtes Zusammentreten Wenzels mit Ludwig, dessen entschiedene Parteinahme für den Herzog Albrecht von Oestreich kein Geheimniss war, und das gute Einvernehmen, in welchem die deiden Kurfürsten von einander schieden, weiter stark vermuthen, dass Wenzel damals noch nicht grundsätzlich gegen die Wahl seines Schwagers gewesen. Im Gegentheil könnte das gegenseitig gegebene Versprechen die vorläufige Absicht der beiden Herren andeuten, auch in der Wahlsache einträchtig einen Weg gehen zu wollen. Ueberliefert ist uns indessen hierüber gar nichts positives; doch hat man wenigstens einen Anhaltspunkt für die Vermuthung, es seien bald nach dem Tage in Eger Unterhandlungen über die Wahl zwischen Wenzel und Albrecht gepflogen worden, die aber zu keinem jenen befriedigenden Resultat geführt hätten. Wenzel zog nämlich am 23. Okt. 1291 Stadt und Burg Eger nebst Zugehör, was alles dem Reich gehörte, und worauf er mit der Mitgift seiner Gemahlin verwiesen war, in seine Gewalt. Offenbar wollte er sich damit vorläufig in Besitz eines Objekts setzen, dessen Zuweisung von Rechtswegen durch das künftige Reichsoberhaupt er zur Bedingung seiner Wahl zu machen gedachte. Hätte aber Albrecht ihm die diesfallsige entsprechende Zusage gegeben, so würde er nicht nöthig gehabt haben, auf solche

Weise zuzugreifen. Es beweist dies auch, dass Wenzel in Betreff der Mitgift seiner Gemahlin noch nicht zufrieden gestellt war.

Bald nach diesem Vorgang sehen wir Wenzel eine grosse Thätigkeit in der Wahlangelegenheit entwickeln, um sich in den Besitz von noch weiteren Garantieen dafür zu setzen, dass die bevorstehende Königswahl nach seinem Sinn und zu Förderung seiner Interessen und Plane ausfallen sollte. Er knüpfte nämlich zunächst mit Markgraf Otto dem Langen von Brandenburg\*) und Herzog Albrecht von Sachsen, als Kurfürsten des Reichs, geheime Unterhandlungen an, die zum Zweck hatten, dieselben mit ihren Stimmen vertragsmässig an ihn zu binden und zugleich anderweitigen späteren Bearbeitungen derselben zu begegnen. Dabei wurde ohne Zweifel vor der Hand von einem bestimmten Wahl-Candidaten abgesehen und Wenzels Ziel war, wie bereits bemerkt, nur dahin gerichtet, die genannten Kurfürsten gegen übernommene Gewährleistung der Erfüllung ihrer Wahlbedingungen zur Uebertragung ihrer Stimmen an Böhmen zu bestimmen. Und wirklich gelang dies auch Wenzel. Zuerst erhielt er von dem Markgrafen Otto von Brandenburg dem Langen die verbriefte Zusage, er (Otto) werde Wenzels Wahl beitreten. Darauf bearbeitete Wenzel in Verbindung mit Otto auf dem Tage zu Zittau im Nov. 1291 den Herzog Albrecht von Sachsen und erlangte auch von diesem die verurkundete Zusicherung, er wolle bei der bevorstehenden Königswahl seine Stimme ganz nach Wenzels Wohlgefallen abgeben. Zu diesem Versprechen liess sich der Sachsenherzog indess erst herbei, nachdem die genannten beiden Wahlfürsten ihm zugesagt hatten, sie werden, beziehungsweise Wenzel werde nur demjenigen seine Stimme geben, der sich zuvor zu folgenden Zusagen für den Herzog von Sachsen bereit erklärt hätte. Für's Erste, dass er ihm 4,500 Mark Silbers Prager Gewicht ausbezahle; für's Zweite, dass er ihm Sicherheit stelle um 800 Mark, für die er bei Landgraf Diezmann in Altenburg für König Rudolf gut gesagt; für's Dritte, dass er ihm beistehe, dasjenige zu erlangen, was ihm durch königlichen Spruch gegen den Erzbischof und die Kirche zu Magdeburg zuerkannt worden.

---

\*) In die brandenburgische Kurstimme hatten sich die Markgrafen Otto der Lange und Otto mit dem Pfeil zu theilen. Es scheint, dass jener dieselbe mit einigem Recht voraus beanspruchte, doch wurde der Stimmantheil Otto's mit dem Pfeil von anderer Seite nicht übersehen. (S. oben bei Erzbischof Sifrid von Köln).

Man sieht, wie auch dieser Kurfürst des heiligen römischen Reichs ohne Rücksicht auf die Persönlichkeit des Candidaten aus seinem Wahlrecht möglichst viel Nutzen zu ziehen suchte, wie er denn nebenbei sich darin zum Vasallen des Böhmenkönigs herabwürdigte, dass er versprach, in Gesellschaft und mit Geleit desselben zur Wahl zu fahren, der allerdings auch die Kosten seiner Fahrt bis auf die Kleider seines Gefolges, welches aus zehn Rittern, zwei Kaplänen und acht Edelknaben bestand, hinaus bestreiten sollte.

Nachdem sich Böhmen so vertragsmässig das Recht über drei Kurstimmen zu verfügen erworben hatte, schritt man wohl zu Formulirung der Forderungen, die man entsprechend dem verstärkten Gewicht der böhmischen Wahlstimme an einen Thron-Candidaten zu machen gedachte, welcher dieselbe für sich haben wollte. Da handelte es sich nun um nichts geringeres, als Böhmens vermeintliche oder berechtigte Ansprüche an die Herzogthümer Oestreich, Steiermark und Kärnthen sowie die Markgrafschaft Meissen geltend zu machen und wo möglich durchzusetzen. Dies geht aus den Zusagen hervor, welche der nachmalige König Adolf von Nassau unter dem 30. Juni 1292 dem K. Wenzel ertheilte (s. unten). Dass aber die Forderung in Betreff Oestreichs von Böhmen schon unter seine Wahlbedingungen aufgenommen worden war, erhellt aus dem Schlusspunkt der Wahl-Capitulation zwischen dem Erzbischof Sifrid von Köln und dem Grafen Adolf von Nassau. (s. oben S. 27).

Bei der Ausdehnung der Ansprüche Wenzels auf Steiermark und Kärnthen beschränkte sich derselbe somit nicht etwa darauf, die in der mehrerwähnten Heirathsabrede nach erster Fassung Böhmen versprochene Pfandschaft von Oestreich links von der Donau auszuwirken, sondern es hat allen Anschein, Wenzel habe sich in Anbetracht des grossen Gewichts, welches er nun in die Wagschale der Wahl werfen konnte, sogar mit dem Plane getragen, jene Herzogthümer bei einer neuen Thronbesetzung wieder an sich zu bringen. Mit andern Worten: man erwartete vielleicht von dem durch Böhmens so gewichtige Unterstützung gewählten neuen Reichsoberhaupte, es werde die damaligen Inhaber dieser Reichsländer nicht mehr damit belehnen. Hat man vielleicht die nicht unwahrscheinliche Eventualität im Auge gehabt, Herzog Albrecht von Oestreich werde wie einst Wenzels Vater durch Verweigerung oder Brechung des Lehenseides sich seiner Herzogthümer verlustig machen? Mindestens erwartete Böhmen mit seiner Forderung in Betreff von

Oestreich und Meissen, dass der neugewählte König keinen damit belehnen werde, ohne denselben zuvor zur Anerkennung der Ansprüche Wenzels auf die genannten Reichsländer vermocht zu haben, worunter dann allerdings auch die mehrfach erwähnten Pfandschafts-Angelegenheit sowie die Regulirung der Grenzen Böhmens begriffen sein konnte. Endlich verlangte Wenzel von seinem Candidaten die Realisirung und Sicherung seiner Rechte auf Eger, was aus der unten zu meldenden Heirathsabrede zwischen seinem Hause und dem Nassauischen hervorgeht, und nur eine Consequenz der eigenmächtigen Besitznahme der genannten Burg und Stadt war. (s. oben S. 35).

Nachdem Wenzel das Gewicht seiner Wagschale bei der bevorstehenden Königswahl durch die Verträge mit Brandenburg und Sachsen um zwei weitere Stimmen verstärkt und hienach seine Bedingungen an denjenigen Candidaten festgesetzt hatte, welcher Böhmen für sich haben wollte, mussten nun auch Schritte zur Aufstellung eines solchen gethan werden durch diesfallsige direkte Unterhandlungen oder dadurch, dass man sich mit andern Kurfürsten in's Einvernehmen setzte und durch deren Vermittlung die vorgesteckten Ziele zu erreichen suchte.

Ueber unmittelbare Unterhandlungen Wenzels mit einem Thron-Candidaten besitzen wir dato keinen direkten urkundlichen Nachweis. Dagegen erzählt Ottokar von Horneck in seiner Reimchronik, Herzog Albrecht von Oestreich habe seinen Oheim mütterlicher Seite, den berühmten schwäbischen Grafen Albert von Hohenberg (Haigerloch-Rotenburg), der sich auch sonst als gewandter Unterhändler erprobt, an seinen Schwager Wenzel abgesandt, um diesen für sich zu gewinnen. In seiner breiten Weise und entschiedenen Parteinahme für Oestreich lässt Ottokar den Grafen dem Böhmenkönig vorstellen, wie Albrecht ja von vornherein ein Recht auf die deutsche Krone habe und, wenn derselbe sie erlange, solches Wenzel selbst zu Nutz und Ehre gereiche. Wenzel habe sich aber geweigert eine Zusage zu geben, weil sein Schwager ihrem Neffen Johann das väterliche Erbe vorenthalte, und schliesslich beigefügt, er werde jedem andern Bewerber, wenn derselbe nur »ein Held gut« sei, seine Stimme geben.*) Darauf habe der Gesandte den böhmischen Hof verlassen,

---

*) Klingt gar uneigennützig! Hätte das eine vorläufige Anspielung auf den nachmaligen König Adolf von Nassau sein sollen, von dem die deutsche Welt allerdings nicht viel mehr wusste, als dass er ein sehr tapferer Ritter war?

indess nicht ohne dem K. Wenzel drohend den Wahlsieg Albrechts als unzweifelhaft anzukündigen.

Wenn man auch mit Recht annehmen kann, dass der klug berechnende Herzog von Oestreich es wiederholt versucht haben wird, seinen launigen und hochmüthigen Schwager Wenzel für sich zu gewinnen und es so mit der vertraulichen Mission des schwäbischen Grafen seine Richtigkeit haben wird, so halten wir dagegen den Berichterstatter, Ottokar von Horneck, für schlecht unterrichtet in Betreff dessen, was verhandelt worden und warum Wenzel sich widerwillig gezeigt hat. Wir trauen auch dem Grafen von Hohenberg, dessen Weisheit die Zeitgenossen so sehr rühmen, mehr diplomatischen Takt zu, als dass wir glauben könnten, er habe die von Ottokar beliebte Sprache gegen den leicht reizbaren und stolzen Böhmenkönig geführt.

Die angebliche Forderung Wenzels, Albrecht solle das väterliche Erbe Johanns herausgeben, wäre, wie wir bereits oben bemerkt, unberechtigt, vor allem aber, nach dem was wir von den Bestrebungen und Planen Wenzels wissen, viel zu unbedeutend gewesen. Der Böhmenkönig stellte im Bewusstsein des grossen Einflusses, welcher ihm auf die Wahl zukam, sicherlich die viel höheren Forderungen an seinen Schwager, wie wir solche oben näher bezeichnet haben. Hatte Wenzel doch selbst für die höchste derselben, die Herausgabe der Herzogthümer, die alte Rechtsansicht für sich, dass, wie es auch früher im deutschen Reich gehalten worden, Albrecht nach erlangter Krone die von ihm zu Lehen getragenen Herzogthümer nicht behalten konnte. *) Albrecht musste aber eine solche Forderung seines Schwagers Wenzel zurückweisen, wenn er nicht all' die Bemühungen seines Vaters um eine Habsburgische Hausmacht vergeblich aufgewendet sehen und nicht als machtloser König den selbstsüchtigen und mächtigen Kurfürsten gegenüber dastehen wollte. Dass aber Albrechts Plan, als König die Herzogthümer seinem Hause erhalten zu wollen, möglichst geheim bleiben möchte, lag ganz in dessen Interesse, daher wohl das diplomatische Schweigen auch von östreichischer Seite über den wahren Grund der Weigerung Wenzels.

---

*) Als Albrecht nach der Schlacht bei Göllheim römischer König geworden war, trat er mit Zustimmung der Kurfürsten allerdings die Herzogthümer Oestreich etc. als Lehen des deutschen Reichs ab, aber an seine Söhne, auf welchem Wege dieselben bei seinem Hause blieben.

In welche Zeit die erfolglose Sendung des Grafen Albert fällt, ist nicht bekannt. Da dieser zur Zeit des stairischen Kriegs (März 1292) bei seinem Neffen war, um diese Zeit und schon früher (s. unten beim 12. Febr. 1292) sicherlich im Rathe der Freunde des Herzogs über die Wahl verhandelt wurde, so mag der Graf damals von Wien aus nach Prag gesandt worden sein. Die Antwort, welche derselbe von dort mitgebracht, war dann allerdings ganz geeignet, die Situation weiter aufzuklären, zu engstem Anschluss an den Pfalzgrafen Ludwig und energischem Auftreten in der Wahlsache aufzufordern.

Wenzel aber wandte sich, nachdem sein Schwager Albrecht sich geweigert auf seine Wahlbedingungen einzugehen, zu der Partei der Gegner desselben. Als solche mussten schon am 7. Dez. 1291 (s. S. 16) der Erzbischof Gerhard von Mainz und nach den oben auseinander gesetzten, Wenzel gewiss wohl bekannten Gründen auch Erzbischof Sifrid von Köln gelten. In der That ist man berechtigt anzunehmen, dass Wenzel geraume Zeit vor der Wahl mit den geistlichen Kurfürsten Unterhandlungen angeknüpft hat. Auch blieb, nachdem er Brandenburg und Sachsen an seine Stimme gebunden und die Ueberzeugung gewonnen hatte, dass der Pfalzgraf bei Rhein nicht von Albrecht abzubringen war, für ihn nur übrig, die Erzbischöfe von Mainz, Köln und Trier für seine Ziele zu bearbeiten. Abgesehen von der Verwirklichung der hohen Plane, welche Wenzel selbst durch den zu wählenden König erreichen wollte, musste die Erfüllung der von ihm gegen den Herzog von Sachsen eingegangenen Verpflichtungen ihn schon geraume Zeit vor der Wahl zu Unterhandlungen mit den geistlichen Wahlherren drängen. Mit andern Worten: Wenzel hatte sich nach einem Candidaten umzusehen, der bereit wäre, die Zusage der von ihm gestellten Forderungen zu geben, und den gegenüber von dem Herzog von Oestreich durchzusetzen man alle Hoffnung haben könnte. Hiezu war aber vor allem noch die Gewinnung des Erzbischofs Gerhard von Mainz, dessen Wahlausschreiben schon indirekt zu Verhandlungen mit ihm aufforderte, durchaus nöthig. Indessen hat man dato keinen urkundlichen Nachweis von Unterhandlungen vor der Wahl zwischen Wenzel und Gerhard, dagegen unzweifelhafte Andeutungen von solchen zwischen ersterem und Erzbischof Sifrid von Köln. Denn für's Erste: wie anders ist es zu erklären, wenn dieser am 26. April 1292 dem Grafen Adolf von Nassau das

Versprechen abnimmt, er wolle ohne seine (Sifrids) ausdrückliche Zustimmung Niemand mit dem Herzogthum Oestreich belehnen, als dass Wenzel den Erzbischof von Köln mit seinen Wahlbedingungen bekannt gemacht und dieser sodann im Namen des Böhmenkönigs sich solche Zusage hat geben lassen? Wird die räthselhaft klingende geheime Punktation am Schlusse der Wahl-Capitulation zwischen Erzbischof Sifrid von Köln und dem Grafen Adolf von Nassau nicht durch das Versprechen, welches dieser nach seiner Wahl am 30. Mai 1292 dem König Wenzel gegeben (s. unten), ganz übereinstimmend und klar des Weiteren interpretirt? Für's Andere beweist die Forderung, welche Sifrid gleichfalls in der mehrerwähnten Wahl-Capitulation (Pkt. 7) an den Grafen von Nassau stellte, er solle den Markgrafen Otto von Brandenburg »mit dem Pfeil« für sich gewinnen, dass er (Sifrid) genau mit den Abmachungen zwischen Böhmen und Brandenburg bekannt war. Und es geschah offenbar darum, weil nach denselben blos Otto der Lange von Brandenburg sich verpflichtet hatte mit Wenzel zu stimmen, es aber dem vorsichtigen Kurherren in Köln räthlich erschien, die volle Brandenburger Stimme ohne jegliche Einsprache für seinen Candidaten zu gewinnen.

In Erwägung dieser Verhältnisse und in Anbetracht der alten Beziehungen, welche den K. Wenzel zunächst an den Kölner Erzbischof Sifrid wiesen (s. oben), sind wir geneigt anzunehmen, dass jener sich in der Wahlsache zuerst an diesen und sodann durch dessen Vermittelung an den Erzbischof Gerhard von Mainz gewandt haben wird.

Die Unterhandlungen zwischen Wenzel und Sifrid anbetreffend kann auch noch die Frage aufgeworfen werden, kannte jener den Kölner und Mainzer Thron-Candidaten, oder begnügte er sich, wie der Herzog von Sachsen mit der Zusicherung, derselbe werde seinen (Wenzels) Wahlbedingungen nachkommen? Wir verneinen letzteres, da wir nicht glauben können, dass die misstrauische böhmische Politik, zumal getragen von dem Bewusstsein ihrer drei Wahlstimmen, sich bei einem solchen Versprechen eines dritten als eines Mittelsmannes beruhigt haben würde, und nicht auf den klaren Grund der Situation und der Wahlpläne von Köln und Mainz hätte sehen wollen. Ueberdies weist die Heirathsabrede zwischen den Häusern Böhmen und Nassau, deren nähere Bestimmungen schon wenige Tage nach erfolgter Wahl zwischen dem neuen König Adolf und Wenzels Bevollmächtigten in Frankfurt festgesetzt wurden, auf vorhergegangene Verhandlungen zwischen beiden hin, insofern solche von den böhmischen Gesandten nicht auf ihre eigene Faust eingeleitet und zum Abschluss gebracht werden konnte, Telegraphen und Schienenwege aber damals nicht zu Gebot standen, um Instructionen einzuholen.

Gehen wir nun zu dem **Erzbischof Gerhard von Mainz** über. Von diesem ist, wie bereits bemerkt worden, zur Zeit kein urkundlicher Nachweis von Verhandlungen mit einem Candidaten für den deutschen Thron vor der Wahl bekannt. Gleichwohl müssen wir bei dessen hervorragender Stellung und Persönlichkeit (s. unten) und in Erwägung der oben urkundlich nachgewiesenen Schritte von Seiten einiger anderen Kurfürsten solche auch von ihm annehmen und demselben mindestens einen Hauptantheil an der Wahl des Grafen Adolf von Nassau zuschreiben. In der That: wenn wie wir wissen, Baiern, Köln, Böhmen, Sachsen und Brandenburg ihre Stimmen an lange vorher formulirte Bedingungen und Forderungen geknüpft haben, warum sollte Gerhard, wie wir ihn kennen lernen werden, dagegen bescheiden und unentschieden zurückgeblieben sein?

Erzbischof **Gerhard von Mainz** gehörte dem mit Graf Adolf von Nassau verwandten Geschlechte der Freien von **Eppenstein** (Städtchen Epstein in der südlichen Wetterau) an. Als Trierer Archidiakon von einem Theil des Mainzer Domkapitels 1284 zum Erzbischof erwählt, unterlag er 1286 dem Bischof Heinrich von Basel, welcher als König Rudolfs Geheimschreiber und innigster Vertrauter diesem die grössten Dienste geleistet hatte und darum von demselben dem Pabst auf den Stuhl von Mainz dringend empfohlen worden war.*) Doch erreichte Gerhard das angestrebte Ziel bald, da Heinrich schon nach zwei Jahren (17. März 1288) starb.

Während der zwei Jahre, die der Mainzer Stuhl unbesetzt gewesen, hatte der König demselben die Gerichtsbarkeit über den Bachgau mit dem Ort Seligenstadt als dem Reich gehörig entzogen und **Ulrich von Hanau**, seinem Getreuen, dagegen Feinde der Mainzer Kirche, übertragen.

---

*) Nach einer andern Quelle soll Heinrich von dem Könige den Auftrag gehabt haben, in Rom für den Rivalen Gerhards, den Mainzer Dompropst Peter zu wirken, der Pabst aber von der Persönlichkeit Heinrichs so eingenommen worden sein, dass er diesem das Erzstift Mainz übertragen habe.

Gerhards Vorgänger war durch königliche Ernennung vom 19. Sept. 1286 Reichsstatthalter und Landfriedens-Hauptmann in Thüringen und Meissen gewesen. Nachdem derselbe gestorben und der König auf dem fast einjährigen Reichstage zu Erfurt (Dez. 1289 bis Nov. 1290) in eigener Person die vielfach zerrütteten Verhältnisse Thüringens leidlich geordnet, übertrug er jenes Amt, welches der Erzbischof Heinrich von Mainz begleitet hatte, seinem treuen Anhänger und Rathgeber, dem Freien Gerlach von Breuberg, wie uns Urkunden vom Nov. 1290 und 15. Juli 1292 (s. unten) belehren.

Der Erzbischof von Mainz war in alten Zeiten bei erledigtem Thron oder Minderjährigkeit des Königs der »custos« und »procurator« des Reichs gewesen.*) Er sollte der Erzkanzler desselben sein, in dieser Eigenschaft eine nothwendig gewordene neue Königswahl einleiten, bei dieser die erste Stimme, welcher die andern Fürsten zu folgen pflegten, haben und den Candidaten, auf welchen man sich geeinigt, proklamiren. Aber zu den Zeiten Gerhards und schon früher hatte diese vor allen Reichsfürsten bevorzugte Stellung des Mainzer Erzbischofs, welche demselben den grössten Einfluss auf die Reichsgeschäfte eröffnete, starke Einbusse erlitten. So hatte Kaiser Friedrich II. während der Minderjährigkeit seines zum deutschen König gewählten Sohnes Heinrich für die Zeit seiner Abwesenheit in Italien den Erzbischof Engelbert I. von Köln und nach dessen Ermordung den Herzog Ludwig I. von Baiern und Pfalzgrafen bei Rhein zum Reichsverweser bestellt. Ueberhaupt begann im 13. Jahrhundert der Streit zwischen dem rheinischen Pfalzgrafen und dem Erzkanzler um das Primat unter den deutschen Fürsten, namentlich auch in Betreff der Rolle bei der Königswahl. Sprach doch selbst der Pabst Urban IV. in seinen Wahlunterweisungen von 1263 vorkommenden Falls dem Pfalzgrafen die entscheidende Stimme zu. Speziell in Betreff der beanspruchten Vorrechte Gerhards als des Erzkanzlers gegenüber von dem Pfalzgrafen Ludwig bei Rhein erinnern wir daran, dass dieser es sich herausgenommen, ganz unabhängig und abweichend von dem Erzkanzler Ausschreiben zur Königswahl zu erlassen.

Von ganz besonderem Interesse für unsern Gegenstand ist eben das den Erzbischöfen von Mainz zustehende Erzkanzler-Amt,

---
*) Die Erzbischöfe Hatto und Willigis v. M. führten auch während der Minderjährigkeit Ludwigs des Kindes und Otto's III. die Reichsregentschaft.

das sie entweder selbst versahen oder durch einen Stellvertreter (Vicekanzler) versehen liessen.\*)

Vermöge dieses Amtes hatten sie nicht nur einen grossen Einfluss auf die Reichsregierung und insbesondere die Königswahl, sondern dasselbe warf auch bedeutende Einkünfte ab. Da gab es nicht nur viele und namhafte Gebühren (Sporteln) von der Reichs-Kanzlei, sondern der höchste Vorstand derselben bezog auch von der dem König zustehenden Judensteuer den zehnten Theil.

Aber gerade in diesem so wichtigen Reichs- und Ehrenamte musste sich Erzbischof Gerhard von Mainz sehr beeinträchtigt sehen. Die Geschäfte der königlichen Kanzlei unter Rudolf von Habsburg leiteten im Verlauf der Zeit Otto Probst von St. Wido in Speier (bis 1274), nach diesem (von 1274 bis 1284) Rudolf von Hoheneck (im Allgäu), Abt von Kempten, endlich als (1284) letzterer Erzbischof in Salzburg geworden war, Magister Heinrich von Klingenberg aus dem Thurgau, Probst zu Xanten und Aachen, der 1306 als Bischof von Constanz starb. Rudolf von Hoheneck schrieb sich Hofkanzler und führte diesen Titel auch als Erzbischof von Salzburg fort. Wohl mag er aus seiner früheren Stellung herüber auch noch einigen Einfluss auf die Reichsgeschäfte geübt haben.

Heinrich von Klingenberg kommt schon 1274 als Prothonotar, später als oberster Hofschreiber und Vicekanzler des Königs Rudolf vor, welches Amt er bis zu dessen Tode versah. Er ist somit derjenige, welcher beinahe die ganze Regierungszeit Rudolfs von Habsburg hindurch in dessen Kanzlei arbeitete und nach dem Abtreten des Hofkanzlers Rudolf ohne Zweifel die Geschäfte derselben selbständig leitete. Bei all' dem ist indess anzunehmen, dass die Mainzer Erzbischöfe Werner und Heinrich als die treuesten Rathgeber und Stützen des Königs, letzterer neben dem Vice-Kanzler Heinrich von Klingenberg, einen grossen Einfluss auf die Reichsgeschäfte gehabt und somit ihren Titel Erzkanzler nicht umsonst geführt haben. Anders gestalteten sich aber die Verhältnisse, als (1288) Gerhard von Eppenstein Erzbischof von Mainz geworden war. Mit diesem hörten die intimen Beziehungen zwischen dem

---

\*) Laut der von uns unten des Näheren anzuführenden Urkunde des K. Friedrich II. vom 26. April 1220 war damals Konrad, Bischof von Metz und Speier, Kanzler an dem kaiserlichen Hofe, aber wie derselbe, unter dem obige Urkunde ausgefertigt worden, ausdrücklich sagte, an der Stelle („vice") des Erzbischofs von Mainz und Erzkanzlers für ganz Deutschland.

Mainzer Stuhl und der Regierung des Königs Rudolf auf und schlugen bald in das Gegentheil um. Dem nunmehrigen Erzbischof gestattete der von Klingenberg nicht den Einfluss auf die Reichsgeschäfte, welchen derselbe als Erzkanzler beanspruchte. Und wenn sich der vormalige Prothonotar in späteren Zeiten bescheiden blos Vice-Kanzler schrieb, so geschah es sicherlich nicht aus Rücksicht für Gerhard, sondern gegenüber von seinem früheren Chef, dem Erzbischof Rudolf von Salzburg, da dieser sich darin gefiel, den Titel Hof-Kanzler bis zu seinem Tode (1290) fortzuführen, indess nicht in Urkunden des Königs, welche Reichsangelegenheiten betrafen.

War der Art die Stellung, welche Heinrich von Klingenberg, der Vicekanzler, in Wahrheit aber der Kanzler des Königs Rudolf, gegenüber von Gerhard, dem Titular-Erzkanzler des deutschen Reichs, eingenommen, so ist der Hass sehr begreiflich, welchen dieser selbst noch nach Rudolfs Tode auf den ehemaligen Vertrauten und Träger der habsburgischen Politik geworfen (s. unten).

Erzbischof Gerhard von Mainz hatte wie sein College Sifrid Güter und Rechte des Reichs an sich gerissen, auch Handel und Wandel mit ungesetzlichen Zöllen belastet, ein Verfahren, gegen das sich der König noch im letzten Jahr seiner Regierung auf dem Reichstage zu Erfurt, welchem auch Gerhard zeitweise anwohnte, nachdrücklichst aussprach.

Unter den angeführten Verhältnissen kann Gerhard kein Freund des Königs Rudolf und des habsburgischen Hauses gewesen sein.

Derselbe wird uns geschildert als ein Mann, der viel Geist, eine hinreissende Rednergabe und grosse Thatkraft besass, dabei von unbändigem Streben nach Besitz, Macht und Einfluss beseelt war, mit Schlauheit seine Pläne zu verdecken, zu verfolgen und zu verwirklichen wusste, als ein Mann, auf dessen Gunst man nur so lange zählen konnte, als man seinen Interessen nicht zu nahe trat.*)

Erzbischof Gerhard von Mainz hat bei der seinem Stuhl zustehenden, wenigstens von ihm beanspruchten Stellung, seinem oben geschilderten Charakter, bei dem hohen und mannigfachen Interesse,

---

*) Es zeigte sich dies namentlich in der Haltung, welche er im Verlauf der Zeit gegen die römischen Könige Adolf und Albrecht I. eingenommen hat. Als letzterer im Jahr 1301 Gerhards eigennützigem und gewaltthätigem Treiben namentlich im Zollwesen entgegen trat, gieng er mit dem Plane um, auch dessen Absetzung zu bewirken. Er habe, soll er spöttisch gesagt haben, noch mehr Könige in seiner Tasche.

welches die Königswahl für ihn haben musste, in Betreff derselben sicherlich bei Zeiten grosse Thätigkeit entwickelt. Er hat, wie wir bereits wissen, schon am 7. Sept. 1291 die Einladungsschreiben zur Wahl an die Kurfürsten, speciell an den König Wenzel von Böhmen, erlassen, indess den Wahltag erst auf den 2. Mai des nächsten Jahres anberaumt. Einen so fern liegenden Termin glaubte der Erzkanzler stellen zu müssen, um die zur Erreichung seiner Pläne nöthige Zeit zu gewinnen. Und schon dieser Umstand zeigt, dass der allbekannte Thron-Candidat, Herzog Albrecht von Oestreich, nicht der Gerhards war. Da galt es nun zu erfolgreicher Aufstellung eines anderweitigen mit andern Kurfürsten diplomatische Verhandlungen anzuknüpfen.

Bei dem sonstigen einträchtigen Zusammenhalten der Erzbischöfe von Mainz, Köln und Trier, dieses geistlichen Triumvirats am Rheine, zu Wahrung ihrer geistlichen und fürstlichen Vorrechte gegenüber von dem Königthum glauben wir es als in der Natur der Verhältnisse liegend annehmen zu dürfen, dass Erzbischof Gerhard von Mainz sich in Betreff der Königswahl zunächst mit seinen beiden Collegen und unter diesen allererst mit dem von Köln in's Einvernehmen gesetzt haben wird. Da kam ihm die feindselige Stimmung des letzteren gegen den dahingegangenen König ganz gelegen. Denn wir können im Hinblick auf die vorausgeschickten Verhältnisse unmöglich annehmen, Gerhard seie für die Erhebung eines Habsburgers und insbesondere des Herzogs Albrecht von Oestreich gewesen, nach dem wie wir diesen oben geschildert. Und es war sicherlich nicht erst die Frucht der Bearbeitungen Gerhards von Seiten des Erzbischofs Konrad von Salzburg und der (?) Bestechungen des letzteren, dass jener entschieden gegen die Wahl Albrechts war.

Schon oben S. 12 haben wir bemerkt, dass unter den Kurfürsten, welche sich im Mai 1291 zu Frankfurt gegen des Königs Wunsch, es möchte seinem Sohne Albrecht die Krone zugesagt werden, ausgesprochen haben, ohne Zweifel namentlich auch Gerhard zu zählen ist.

Aus all' diesem und aus unten weiter zu entwickelnden Gründen können wir daher auch der Angabe keinen Glauben schenken, der Erzbischof von Mainz habe sich einige Zeit wenigstens nicht nur zu Albrecht hingeneigt, sondern diesen sogar durch den Grafen Eberhard von Katzenelnbogen zur Uebernahme der Krone auffordern lassen. *) Zwar gewinnt dieser Bericht dadurch einigen Anschein von Zuverlässigkeit, dass man den genannten Grafen am 20. März 1291 wirklich bei dem Herzog von Oestreich in Friesach (im Salzburgischen) trifft; wir werden aber unten sehen, dass die Anwesenheit dieses Herrn bei Albrecht auf ganz andere Gründe und Verhältnisse zurückzuführen ist. Auch stehen dieser Angabe der gen. Chronik noch andere gewichtige Bedenken entgegen. Gerhard soll sich nämlich nach derselben zu diesem Schritte durch die Erwägung haben bestimmen lassen, Herzog Albrecht könnte, unterstützt von seinen Schwägern, dem Könige von Böhmen, den Herzogen von Sachsen und Baiern, doch die Krone erlangen, und in Voraussicht eines solchen Ausganges der Wahl erfordere es die Klugheit von ihm, Albrecht sich günstig zu zeigen. Wie ist aber anzunehmen, dass dem Reichs-Kanzler, welcher am 7. Sept. 1291 die Wahlaufforderung hatte ergehen lassen, einem Mann wie Gerhard, die Wahl-Unterhandlungen des Böhmenkönigs mit Brandenburg, Sachsen und insbesondere Köln, welche zum Theil schon in dem genannten Jahre begonnen hatten, im Frühjahr 1292 noch unbekannt gewesen sein könnten? Sicherlich nicht.

Zu all' diesem stimmt das, was der Graf von Katzenelnbogen im Auftrag des Erzbischofs dem Herzog hinterbracht haben soll — nämlich dieser solle nur unbesorgt an den Rhein kommen, um die Krone zu empfangen — schlecht damit, dass der Herzog mit einer ansehnlichen Streiterzahl dahin zog.

Unsere durch die Darlegung der Verhältnisse Gerhards und des Mainzer Stuhls motivirte Ansicht, dass derselbe von vorneherein gegen die Candidatur des Herzogs Albrecht von Oestreich gewesen, wird durch das separate und abweichende Wahlausschreiben des Pfalzgrafen Ludwig vom 7. Dez. 1291 zur Gewissheit (s. oben.) Aber soweit haben wir blos ein negatives Resultat und müssen die Frage zu beantworten suchen, wen stellte Gerhard als Gegencandidaten auf? oder hat Gerhard den ersten Anstoss zur Wahl des Grafen Adolf von Nassau gegeben? Diese Frage glauben wir unter Bezugnahme auf das, was wir oben bei Sifrid von Köln gesagt, verneinen zu müssen. Der erste Anstoss zur Wahl des Grafen gieng ohne Zweifel von letzterem aus. Sicherlich aber hat eben dieser bei Zeiten in der Richtung mit Gerhard verhandelt. Denn wie

---

*) So berichtet Ottokar von Horneck und ausführlicher die alte Chronik des Abts Viktring von Klagenfurt.

konnte Sifrid hoffen, den ihm zusagenden Candidaten durchsetzen zu können, ohne den Mainzer ganz entschieden für denselben gewonnen zu haben? und warum sollte diesem der Nassauer Graf, der zumal ein Verwandter von ihm war, nicht als ein seinen Plänen viel willfährigeres und geeigneteres Werkzeug erschienen sein, als der mächtige, charakterfeste Herzog Albrecht von Oestreich, der Sohn des dahingegangenen Königs, welcher ihm und seiner Kirche nicht günstig gewesen war?

Gewiss hat Gerhard die ihm von Sifrid beigebrachte Idee, der Graf Adolf von Nassau werde der Mann ihrer Wahl und Interessen sein, alsbald zu seinem Plane gemacht und in dieser Richtung nachdrücklichst gewirkt. In der That setzt die lange Reihe der wichtigen Zugeständnisse Adolfs von Nassau für Gerhard (s. unten) längere Verhandlungen zwischen beiden und eine grosse Rolle des Mainzers bei der Wahl des Grafen voraus. Wir wissen zwar nicht genau, wann dieselben Statt gefunden haben und zum Abschluss gekommen sind, indess ist bestimmt anzunehmen, dass das selbständige Vorgehen des Pfalzgrafen vom 7. Dez. 1291 offenbar zu Gunsten des Herzogs von Oestreich auch die Gegenpartei und namentlich den Erzkanzler zu entscheidenden Schritten getrieben haben wird, dass sonach mit Beginn des Frühjahrs 1292 der Nassauer Graf bereits der Candidat desselben war. Dass die Stimmen der geistlichen Kurfürsten um diese Zeit als für Albrecht verloren angesehen wurden, haben wir bereits oben bemerkt.

Es bleibt uns nur noch die Erforschung der Stimmung des Erzbischofs von T r i e r in Betreff der Königswahl übrig.

Wir haben oben S. 12 bei Besprechung des Hoftags zu Frankfurt, auf welchem K. Rudolf die Kurfürsten zu bestimmen gesucht hat, sie sollten seinen Sohn Albrecht vorläufig zu seinem Nachfolger bezeichnen, berichtet, dass der Erzbischof B o ë m u n d von T r i e r sich diesem Verlangen des greisen Königs sehr wahrscheinlich willfährig gezeigt hat. Nichts desto weniger aber müssen wir annehmen, dass derselbe Kurfürst schon vor der Wahl anderer Gesinnung geworden ist, und sich auch für den Grafen A d o l f von N a s s a u entschieden hat. Es geht dies daraus hervor, dass, wie wir bereits wiederholt oben bemerkt, Herzog Ludwig von Baiern schon am 13. April 1292 die Stimmen der geistlichen Kurfürsten als für seinen Schwager Albrecht verloren ansah. Auch muss angenommen werden, dass die Erzbischöfe von Mainz und Köln bei etwaiger

Hinneigung ihres Collegen zu dem Herzog von Oestreich all' ihren
Einfluss aufgeboten haben werden, um denselben für ihren Candidaten zu gewinnen. Auf diesfallsige, der Wahl vorhergehende Verhandlungen mit dem Trierer weist auch der Umstand, dass der neu
gewählte König sich veranlasst sah, die Räthe desselben für ihre
Bemühungen und Kosten bei der Wahl besonders zu entschädigen,
was anderwärts nicht bekannt ist. Dem Erzbischof von Trier selbst
aber erwiess sich der neue König auch durch Ertheilung vieler Zusagen dankbar, welche, wie es scheint, besser als sonst gehalten
worden sind, wenigstens hielt es Boëmund selbst noch um die Zeit
der Schlacht bei Göllheim mit Adolf.

Als nicht mehr die Gesammtheit der Freien, auch nicht mehr
die Fürsten des Reichs überhaupt das Recht der Königswahl übten,
sondern seit der Mitte des 13. Jahrhunderts sieben mit den Reichsämtern bekleidete geistliche und weltliche Fürsten die Wahl des
Oberhaupts an sich gebracht hatten, konnten die übrigen Stände
— Fürsten, Herren und Reichsstädte — nur einen mittelbaren
Einfluss auf die Wahl ausüben; doch war die Stimmung derselben,
wenn dieselbe zwiespältig ausfiel, nicht selten von entscheidendem
Gewicht. Und dieser Fall hätte bei der Besetzung des deutschen
Thrones, die der Gegenstand unserer Darstellung ist, leicht eintreten
können. Auch hatte Herzog Albrecht von Oestreich diese Eventualität ohne Zweifel im Auge (s. unten).

Wir fügen desshalb, so viel sich aus zuverlässigen Nachrichten
abnehmen lässt, noch Einiges über die Stimmung an, wie solche
sich ausserhalb des Wählerkreises für und gegen den Herzog Albrecht
von Oestreich kund gegeben, und zwar zunächst von Seiten einiger
deutschen Fürsten.

Herzog Otto von Nieder-Baiern, Neffe des oft genannten
Herzogs Ludwig von Oberbaiern und Pfalzgrafen bei Rhein, war,
wie wir bereits wissen, mit einer der Schwestern Albrechts vermählt
gewesen, die aber schon 1282 gestorben. Ueber der Mitgift derselben
entstand ein Jahr später zwischen Otto's Vater Heinrich und Herzog
Albrecht von Oestreich ein Krieg, der endlich durch Schiedsrichter
beigelegt wurde, aber nicht zur Zufriedenheit Otto's, denn dieser
machte noch im Jahr 1298 desshalb Ansprüche an Albrecht (s. unten).

Laut der Entscheidung des Königs Rudolf auf dem Reichstag
zu Augsburg (1275 Mai) sollte Otto mit seinem Oheim als Herzoge

von Baiern die erste Kurstimme haben; er wurde aber dieses Rechtes dadurch verlustig, dass Rudolf später, auf dem Reichstag zu Erfurt, seinem früheren Spruch entgegen die genannte Kurstimme Böhmen auf's Neue zuerkannte. All' diese Vorgänge trieben Otto von Niederbaiern in das dem Herzog Albrecht von Oestreich feindlich gesinnte Lager. Er gieng hierin sogar so weit, dass er an dem Aufstand des steirischen Adels gegen Albrecht im März 1292, also wenige Monate vor der Wahl, so thätigen Antheil nahm, dass er in das Steirer Land einfiel, zu dessen Herrn ihn der dortige Adel machen wollte. (s. im dritten Abschnitt).

Gleich schlecht mit Albrecht standen andere Nachbarn desselben, der **Erzbischof Rudolf von Salzburg** und dessen Nachfolger **Konrad**. Jener war, wie wir wissen, vordem Hofkanzler des Königs Rudolf gewesen, und hatte dessen Vertrauen in hohem Grade besessen, auch in der genannten Stellung die Rechte des Reichs beziehungsweise des Königs in Italien energisch geltend gemacht.

Als er aber 1284 den erzbischöflichen Stuhl von Salzburg bestiegen hatte, gerieth er alsbald über Besitzungen und Rechte seines Erzstifts mit Herzog Albrecht in heftige Händel, die von K. Rudolf auf dem Reichstag in Erfurt zu seinem Nachtheil entschieden, von seinem Amtsnachfolger Konrad aber mit grossem Nachdruck wieder aufgenommen wurden. Dieser unterstützte gleich und in Gemeinschaft mit dem obgenannten Herzog Otto von Niederbaiern den gegen Albrecht aufständigen steirischen Adel, bestärkte auch die Züricher und Genossen in ihrem Widerstande gegen den Herzog von Oestreich (s. unten).

Wenn nun auch die Quellen darüber schweigen, ob Herzog Otto von Niederbaiern an den Wahlumtrieben gegen Albrecht thätigen Antheil genommen, so ergibt sich aus dem Gesagten jedenfalls doch so viel, dass er dessen Erhebung zum römischen König gewiss als seinen Sympathieen und Interessen zuwiderlaufend erachtet hat. Von Otto's Parteigenosse, dem Erzbischof Konrad von Salzburg, wird dagegen erzählt, er habe aus allen Kräften, durch Boten und mit reichen Geschenken bei seinem Collegen zu Mainz gegen den Herzog von Oestreich gewirkt und namentlich auch den Umstand geltend gemacht, dass über letzteren von ihm der Bann ausgesprochen worden war.\*) Ja manche wollen es dem Andringen des Salzburgers

---

\*) Dies konnte indess Albrechts Wahl nicht entgegen stehen, da K. Rudolf 1289 vom Pabste Nikolaus eine Bulle erwirkt hatte, nach welcher kein Kirchen-

zuschreiben, dass Gerhard seine zuvor angeblich Albrecht (?) günstige Stimmung in das Gegentheil verkehrt habe (s. oben S. 46).

Entschieden auf Albrechts Seite dagegen stand dessen Schwiegervater, Herzog Mainhard von Kärnthen, welcher, vordem Graf von Tirol und Görz, 1286 von K. Rudolf zu jener Würde erhoben worden war und bis an seinen Tod (1295) zu seinem Tochtermann in freundlichen Beziehungen geblieben ist. Für den Fall, dass Herzog Albrecht sich die Krone im Kampfe mit einem Gegenkönig sollte erringen müssen, durfte er auf mächtigen Beistand von dieser Seite zählen, wie auch Herzog Mainhard's Sohn und Nachfolger Heinrich später, in dem Krieg zwischen Albrecht und K. Adolf, sattsam bewiesen hat. *)

Grosses Interesse für die bevorstehende Königswahl bethätigten mitunter die Grafen und Herren Schwabens, und zwar, indess nach entschieden östreichisch gesinnten Quellen, ausschliesslich und allgemein für den Herzog von Oestreich. Sie sollen denselben durch Briefe und Boten aufgefordert, an den Rhein herauf zu kommen und ihm die Krone versprochen haben, was aber nur so viel heissen kann, dass sie ihm ihren Beistand zur Erlangung derselben zusagten.

Bei den vielfachen Beziehungen Schwabens zu dem neu aufgekommenen Königshause der Habsburger und dem grossen Gewicht, welches Herzog Albrecht ohne Zweifel auf die Sympathieen und tapferen Arme des schwäbischen Adels gelegt hat, glauben wir näher auf die Verhältnisse und Haltung dieses Reichslandes eingehen zu sollen, und dies um so mehr, als die Angaben der alten Chroniken, namentlich Ottokars von Horneck, hierin namhaft zu berichtigen sind.

König Rudolf hatte Schwaben, dessen letzter Herzog Konradin von Hohenstaufen 1268 auf dem Blutgerüst zu Neapel geendet, bei seiner Thronbesteigung in einem solchen Zustand überkommen, dass die Wiederaufrichtung der herzoglichen Gewalt in demselben dem klugen Herrscher wo nicht unausführbar, so doch sehr schwierig erscheinen musste. Indess scheint Rudolf doch eine Zeit lang mit dem Plane umgegangen zu sein, Schwaben, in dem seine

---

fürst innerhalb fünf Jahren über Herzog Albrecht ohne ausdrückliche Zustimmung des Pabstes den Bann verhängen durfte. Auf was diese Bemühung Rudolfs abzielte, ist klar.

*) S. des Verfassers Kampf um das Reich S. 38.

Stammlande lagen und sein Haus auch sonst sehr begütert war (s. unten), für seinen Sohn Rudolf oder Schwager, Graf Albert von Hohenberg *), wieder zum Herzogthum zu erheben.

Eine Reihe von durch ansehnlichen Hausbesitz mächtigen Grafenhäusern hatte sich in den grössten Theil des ehemaligen schönen Herzogthums getheilt. Habsburg selbst war eines davon. Manche von denselben, namentlich das Grafenhaus Wirtemberg, hatten sich die letzten Zeiten der Kaiser aus dem Hohenstaufischen Hause und noch mehr die des Zwischenreichs in der Weise zu Nutzen gemacht, dass sie manches Reichs- Gut und Recht an sich gebracht und in der Stellung als kleine Landesherren schon ziemlich erstarkt waren, wie denn mehrere derselben sich das fürstliche Prädikat »von Gottes Gnaden« beilegten. Neben diesen Grafen hatte Schwaben einen zahlreichen höheren Adel (Freiherrnstand im alten Sinne des Worts), dessen Grundbesitz mitunter dem manches Grafen gleich kam, wenigstens nicht viel nachstand. Noch stärker war in dem Lande der sog. niedere Adel (der Stand der Halbfreien) vertreten, welcher zu den Grafen und Freiherren in Dienstmannen- (Ministerialen-) Verhältnissen stand, auch auswärts Kriegs- oder Hofdienste nahm, so namentlich bei dem Herzog Albrecht von Oestreich, welchem der östreichische und steirische Adel seine Vorliebe für die Schwaben übel vermerkten (s. unten). Ueber allen aber — den Grafen, Freien und Halbfreien — stand, da der junge Konradin eigentlich blos dem Titel nach Herzog des Landes gewesen, bei König Rudolfs Thronbesteigung seit einer langen Reihe von Jahren kein unmittelbarer gemeinsamer Herr und Gebieter. Die Könige des Zwischenreichs sind hier nur sehr wenig in Anschlag zu bringen.

Bei diesen Verhältnissen Schwabens darf man sich nun auch nicht wundern, dass das Fehdewesen und Faustrecht nicht blos in der »kaiserlosen Zeit,« wie man die Periode der erwähnten Könige gewöhnlich nennt, sondern selbst nach Rudolfs Regierungsantritt noch geraume Zeit sehr im Schwange gieng. Des Königs Bemühungen in Betreff Schwabens waren daher zunächst auf Herstellung des Landfriedens, sodann auf Wiedergewinnung dessen, was dem Reich entfremdet worden, gerichtet. Hiezu bestellte er Reichslandvögte in der Person von angesehenen ihm ergebenen Grafen z. B. seinen Schwager, den mehr genannten Grafen Albert von Hohenberg.

---

*) S. unsere Geschichte der Grafen von Zollern-Hohenberg I. S. 73. und Note 1.

Dieselben sowie der König selbst stiessen aber auf entschiedenen Widerstand von Seiten einer Anzahl schwäbischer Grafen.

Zu solchen thaten sich unter Führung des jungen kriegslustigen Grafen Eberhard von Wirtemberg zusammen: dessen Sippen, die Grafen von Grüningen-Landau, die von Helfenstein, Montfort-Sigmaringen, Tübingen (Böblingen), Zollern u. a. Zu dem Könige dagegen hielten die Grafen Albert und Burkard von Hohenberg, die Herzoge von Teck, die Markgrafen von Burgau, die Grafen von Freiburg, die von Montfort-Feldkirch, Oettingen, Schelklingen, Vaihingen u. a. m. Nachdem der Reichslandvogt Albert von Hohenberg, unterstützt von der königlichen Partei, gegen die Aufständischen wenig ausgerichtet hatte, gelang es auch dem Könige erst nach zwei Feldzügen (1286, 1287) mit Mühe sich Gehorsam zu verschaffen, ohne indess die unbotmässigen Grafen, namentlich den Wirtemberger, völlig gedemüthigt zu haben. Doch erlitt dessen Haus ansehnliche Einbusse an Gütern und Rechten, welche an den König oder dessen Partei kamen. In den letzten Jahren Rudolfs scheinen zwar die Beziehungen zwischen demselben und seinem Schwager Gr. Albert von Hohenberg einer- und Gr. Eberhard von Wirtemberg andererseits besser geworden zu sein, darum aber möchten wir nicht behaupten, dass letztgenannter Graf und seine vormaligen Kampfgenossen die Wahl des Herzogs Albrecht von Oestreich zum deutschen Könige gewünscht hätten. Hiezu konnten sie immer noch gewichtige Gründe haben.

K. Rudolf, namentlich aber seine Söhne Albrecht und Rudolf waren darauf bedacht gewesen, ihren Hausbesitz südwestlich vom Bodensee und längs des Rheines hin durch Erwerbungen nordwärts bis zur Donau, ja bis jenseits des Neckars zu erweitern. Und es war den genannten Söhnen des Königs auch gelungen, sehr ansehnliche Theile der alten schwäbischen Grafschaften Nellenburg, Veringen und Montfort zu erwerben, auf welche Weise inbesondere Herzog Albrecht unter Anderem auch Herr und Besitzer der Stadt Mengen an der Donau wurde, wo wir ihn unten wiederholt treffen werden. Auch sassen in diesen Gegenden habsburgische Lehens- und Dienstleute, z. B. die von Reischach, Magenbuch u. a.

Nachdem Rudolfs ältestem Sohne Albrecht das Herzogthum Oestreich u. s. w. allein zugeschieden und dessen jüngerem Bruder Rudolf ein anderes Fürstenthum versprochen worden war, wurde diesem (1289) inzwischen der Habsburgische Hausbesitz im süd westlichen Schwaben zugewiesen, wonach sogar in gleichzeitigen Chronikon demselben und seinem Sohne Johann der Titel »Herzog von Schwaben« beigelegt wird. Wenn er nun auch dieses weder war noch wurde, so hat sicherlich die Ausbreitung der Habsburgischen Hausbesitzungen bis in das Herz von Schwaben herein und der Gedanke, es könnte ein Habsburgisches Reichsoberhaupt sich dadurch bewogen sehen, für einen seiner Söhne das Herzogthum Schwaben wieder aufzurichten, die Grafen und Dynasten des Landes mit Misstrauen gegen Albrecht als künftigen deutschen König erfüllt.*) Hienach ist es sehr zu bezweifeln, dass die Sympathieen der schwäbischen Grafen und Herren für Albrecht als Thron-Candidaten gross und allgemein waren, wenn es auch dem einflussreichen Grafen Albert von Hohenberg mit Versprechungen und Geldspenden gelungen ist, seinem Neffen einen Anhang unter denselben zu verschaffen. Selbst bei dem Kronenstreit zwischen dem Herzog und K. Adolf von Nassau im Jahr 1298 hatte jener nur eine bescheidene Anzahl von schwäbischen Grafen und Herren auf seiner Seite,**) obgleich dieser inzwischen manchen von sich abgebracht hatte.

Offen, bis zum bewaffneten Widerstande, traten anderweitig die Befürchtungen vor der Ausbreitung der Habsburgischen Hausmacht im südwestlichen Deutschland bald nach dem Tode des K. Rudolf hervor und waren ausdrücklich gegen Herzog Albrecht gerichtet. In solcher Absicht traten, zum Theil noch von dem Erzbischof von Salzburg aufgehetzt, zusammen: der Bischof Rudolf von Constanz, Albrechts Stammesvetter, der mit dem dahingegangenen König bis an dessen Ende in gutem Einvernehmen gestanden war, die Grafen von Nellenburg, Montfort-Feldkirch und Scheer, der Abt Wilhelm von St. Gallen vom Hause Montfort, die Städte Zürich, Constanz und St. Gallen, endlich die alten Landsgemeinden Schwyz, Uri und

---

*) Es zeigte sich auch unter Albrecht als römischem König, wie einerseits derselbe darauf ausgieng, den Besitzstand seines Hauses bis in das Herz der Grafschaft Wirtemberg vorzuschieben, andererseits aber auch wie der damalige Inhaber derselben solches aus allen Kräften zu verhindern suchte. Und in späteren Jahrhunderten drohte, nachdem das Haus Habsburg-Oestreich durch Erwerbung der Grafschaft Hohenberg einen Keil in das Wirtemberger Land getrieben, diesem wiederholt die Gefahr, von Oestreich annektirt zu werden. Ja selbst die vielgepriesene Erhebung der Grafschaft Wirtemberg zum Herzogthum durch K. Maximilian I. am Ende des fünfzehnten Jahrhunderts ist von mit solchen Gelüsten zusammenhängenden Absichten nicht freizusprechen.

*) S. unsern „Kampf um das Reich." S. 89 f.

Unterwalden. Es kam auch wirklich zwischen den Verbündeten und dem Habsburgischen Pfleger der schwäbischen Besitzungen, einem Grafen von Werdenberg, zu einem Kampfe, der im Frühjahr 1292 mit abwechselndem Glück geführt und von Herzog Albrecht, nachdem er bei der Königswahl unterlegen war, selbst aufgenommen wurde (s. unten).

Unter solchen Verhältnissen und Vorgängen ist die Angabe eines gleichzeitigen, östreichischen Berichterstatters, Ottokars von Horneck, »alle Schwaben,« womit er ohne Zweifel vornämlich oder ausschliesslich den schwäbischen Adel meint, hätten den Herzog Albrecht von Oestreich zum deutschen König gewünscht und zur Bewerbung um die Krone aufgefordert, mit grosser Beschränkung zu nehmen.

Wohl mag der reiche Herzog, für welchen Graf Albert von Hohenberg besonders durch Versprechungen und Belohnungen wirkte,\*) bei dem meist armen oder verschuldeten schwäbischen Lehens- und Dienstadel auf Sympathieen und nöthigenfalls Unterstützung mit Recht gezählt haben, wogegen der bemittelte und unabhängige Herrenstand sich sonst auch weniger Gutes von demselben versprochen haben dürfte, wenn ihm des Herzogs Haltung gegen die östreichischen und steirischen Landherren vor Augen schwebte.

Auf starken Anhang dagegen durfte Herzog Albrecht im Elsass zählen. Dort besass sein Haus schon von alten Zeiten her eine Landgrafschaft; mit angesehenen und mächtigen Herren des Landes war er nahe verwandt, wie denen von Ochsenstein, deren einen K. Rudolf zum Reichslandvogt des Elsasses und Breisgaues gemacht, auch mit vielen Reichslehen bedacht hatte. Auch mit den Grafen von Werth und den Herren von Lichtenberg stand Habsburg gut. Insbesondere aber durfte der Herzog darauf zählen, dass die mächtige Reichsstadt Strassburg in den Tagen der Entscheidung auf seine Seite treten werde, desgleichen deren Bischof Konrad (s. unten). Auch Colmar war mit seinem Schultheissen dem Herzog zugethan. In den Mauern dieser Reichsstadt trifft man denselben wenige Tage

---

\*) Der Aufstand des östreichischen Adels gegen den Herzog im Jahr 1295 wurde vornämlich durch einen starken Zuzug aus Schwaben niedergeworfen, den ihm der genannte Graf von Hohenberg zugeführt hatte, welcher den Theilnehmern reichen Sold und gute Verköstigung versprochen. S. unsere Geschichte der Gr. v. Zollern-Hohenberg I. S. 94.

nach der Wahl, als er an der Spitze einer sehr ansehnlichen Kriegsmacht in die Schweiz zog. Ein Jahr nach seiner Thronbesteigung sah sich K. Adolf noch genöthigt, gegen den elsässischen Anhang des Herzogs zu Felde zu ziehen. Das Elsass hätte der Herzog ohne Zweifel zur Basis seiner Operationen gemacht, wenn es nach einer zwiespältigen Wahl zu einem Kronenkampf gekommen wäre.

Der Bischof von Speier dagegen gehörte sicherlich nicht zu den Anhängern des Herzogs Albrecht, denn ihn hatte einst dessen Vater aus seinem Bisthum vertrieben. Er soll nämlich, wie eine Quelle sagt, dem König sogar nach dem Leben getrachtet, nach einer andern Angabe sich dadurch dessen Ungnade zugezogen haben, dass er, als er galanter Weise die schöne erst 15 jährige Braut des schon bejahrten Königs aus dem Wagen hob, dieselbe, von ihren Reizen hingerissen, geküsst habe.

Die Parteinahme der Kirchenfürsten war immer von grossem Gewicht, denn sie hatten meist über eine ansehnliche Streitmacht von Vasallen und Dienstleuten ihrer Bisthümer, die sie nicht selten selbst in's Feld führten, zu gebieten.

Schliesslich noch einiges über die Stimmung der schwäbischen Reichsstädte in Betreff der bevorstehenden Königs-Wahl. Dieselben hatten zwar, wie überhaupt die deutschen Reichsstädte, so wenig als die Grafen eine Wahlstimme. Nichts desto weniger konnte ihre Stimmung für oder gegen einen Candidaten der Krone von grossem Gewicht werden, denn viele derselben waren durch blühenden Zustand von Gewerbe und Handel reich geworden und im Stande, eine imposante Streitmacht aufzustellen. Auch konnten sie sich, da von dem Resultat der Wahl gar viel für sie abhieng, unmöglich theilnahmlos verhalten.

Nachdem die Reichsstädte, namentlich die Schwäbischen, wie Ulm und Reutlingen, in der hohenstaufischen Zeit sehr lebhaften Antheil an dem Streit der Gegenkönige genommen, sieht man die mittelrheinischen und wetterauischen am Ende des Zwischenreichs in der Wahlfrage entschiedener auftreten als selbst die Kurfürsten. Dieselben erklärten nämlich im Februar 1273, dass sie bei zwiespältiger Wahl keinen der Bewerber, überhaupt nur einen einstimmig gewählten König anerkennen werden. Kein Wunder: sie fürchteten die traurigen Folgen der Partei-Kämpfe insbesondere auch für Gewerbe und Handel.

Gewiss war auch die nach dem Tode des K. Rudolf von Habsburg nothwendig gewordene Wahl wie für die Reichsstädte überhaupt so namentlich auch für die schwäbischen der Gegenstand reiflicher Erwägungen. Wenn nun auch gleichzeitige Berichterstatter nichts darüber sagen, so lässt sich doch mit viel Wahrscheinlichkeit ausmitteln, ob die schwäbischen Reichsstädte für oder gegen den Herzog Albrecht von Oestreich als Candidaten der deutschen Krone waren.

Die Reichsstädte, besonders auch die schwäbischen, hatten zwar dem heimgegangenen König, welcher so strenge gegen die Wegelagerer verfahren, welche die Land- und Wasserstrassen für den fahrenden Kaufmann unsicher gemacht, vieles zu verdanken. Er hatte ihnen durch Bestätigung ihrer alten Gerechtsame manche Gunst erwiesen, gern und häufig in ihren Mauern geweilt auch freundlich mit ihren Bürgern verkehrt. Dabei aber hatte er sie zu Bestreitung der kostspieligen Kriege, die er geführt, mit schweren und ausserordentlichen Steuern belastet; überdiess sah sich der Freiheitssinn ihrer Bürger tief verletzt durch die innerhalb oder in der Nähe ihrer Mauern befindlichen Reichsburgen, welche er mit seinen Reichsdienstmannen besetzte. Daher eine Reihe von Aufständen gegen ihn in den rheinischen und anderen Reichsstädten und die gute Aufnahme, welche der falsche Friedrich bei manchen derselben fand (s. oben).

Neben all' diesen Verhältnissen ist in Betreff der Stimmung der schwäbischen Reichsstädte gegenüber von Herzog Albrecht noch ein besonderer Umstand in's Auge zu fassen. Nicht unbegründet war, wie oben bereits bemerkt, die Besorgniss, das Haus Habsburg gehe darauf um, Schwaben zu einem Herzogthum für eines seiner Glieder zu machen. Bei dieser Eventualität mochten aber die schwäbischen Reichsstädte, wenn ihnen das warnende Schicksal Wiens vorschwebte, wohl gefürchtet haben, ein Habsburgischer Herzog möchte ihre bisherige reichsunmittelbare Stellung gefährden. Genannte Stadt war nämlich 1237 durch Privilegium des Kaisers Friedrich II. reichsunmittelbar geworden, kam aber bald wieder unter die Botmässigkeit der Herzoge von Oestreich.

In dieser Stellung trat sie Albrecht an, als er 1282 Herzog von Oestreich wurde. Im Jahr 1288 brach in Wien ein Aufstand aus, an welchem sich zwar zunächst die niederen Volksklassen betheiligten, der aber von angesehenen Bürgern der Stadt und dem unzufriedenen Adel des Landes angezettelt worden war, um die Wiedererlangung früherer Gerechtsame von dem Herzoge zu erwirken. Die Stadt sah sich aber durch das kluge und energische Auftreten desselben *) gezwungen, sich unbedingt zu unterwerfen, die Anerkennung der städtischen Privilegien einzig der Gnade des Herzogs anheim zu stellen und sogar auf die von seinem Vater ertheilten zu verzichten.

Wenn sich aus den im Vorstehenden erörterten Verhältnissen die grosse Wahrscheinlichkeit ergibt, dass Herzog Albrecht nicht auf die Sympathieen der schwäbischen Reichsstädte zählen durfte, so wird solche durch den Umstand bedeutend erhöht, dass dieselben in dem Kampfe zwischen ihm und K. Adolf selbst nicht durch Waffengewalt genöthigt werden konnten, auf seine Seite zu treten. **) (S. im sechsten Abschnitt).

In den Gegenden des Unterrheins durfte das Habsburgische Haus angesehene Glieder des Grafen- und Herrenstandes zu seinen Anhängern zählen. Es waren dies meist Männer, welche König Rudolf mit besonderem Vertrauen beehrt und hiedurch, sowie durch mancherlei Gunstbezeugungen sich verbindlich gemacht hatte.

Zu diesen gehört vor Allen der angesehene Graf Eberhard von Katzenelnbogen. ***) Ihn hatte der König mit der Wahrung der Reichsinteressen am Rhein, auch mit anderen Aufträgen betraut. Dieser Stellung des Grafen entsprechend findet man denselben auch sehr häufig im Gefolge Rudolfs, namentlich zu Erfurt, so lange der dortige Reichstag dauerte, also beinahe das ganze Jahr 1290 hindurch. Auch in den letzten Tagen des Königs, zu Hagenau, Germersheim und Speier, trifft man den Grafen in der Umgebung desselben; er war somit auch ohne Zweifel Zeuge von dessen Tode.

---

*) In seiner Hofburg, deren Gräben die Schuster Wiens mit Leisten zu füllen sich vermassen, bedroht, nahm er bei Zeit ausserhalb der Stadt, auf dem benachbarten Kahlenberge, Stellung, und ordnete die strengste Blokade derselben an. In Folge der hieraus entstandenen Noth brach ein Aufstand des Pöbels aus gegen die angesehenen Bürger und Anstifter des Aufstandes, und die Stadt sah sich zur Uebergabe gezwungen.

**) S. „unsern Kampf um das Reich" S. 34.

***) Städtchen und Amt Katzenelnbogen im Nassauischen.

Eine andere hier zu erwähnende Persönlichkeit ist der dem Herrenstande angehörige Gerlach von **Breuberg**, ein Landsmann des vorgenannten Grafen. Auch ihn findet man in vielen Urkunden Rudolfs, namentlich solchen, welche zu Erfurt ausgestellt worden, als Zeugen häufig mit dem von Katzenelnbogen. Gerlach war vom Könige zu seinem Amtmann in der Wetterau bestellt, und später mit dem Schirme des Landfriedens in Thüringen beauftragt worden.

Ferner können wir hier noch zwei weitere Glieder des alten Freiherrnstandes aufführen. Ulrich von **Hanau**, dem, wie wir oben bereits erwähnt, K. Rudolf die Vogtei des Bachgaus übertragen, auch sonstige Gunstbezeugungen erwiesen hatte, sodann Hartrad von **Merenberg**, der gleichfalls bei Rudolf in Gunst stand. Und so mögen es noch manche andere gewesen sein, von denen uns aber nichts überliefert ist.

Nach Rudolfs Tode dauerten die guten Beziehungen dieser Männer zu dem Hause Habsburg, beziehungsweise zu Herzog Albrecht von Oestreich, fort. Den Ulrich von Hanau stellte Erzbischof Gerhard von Mainz noch im Jahr 1292 auf gleiche Linie mit alten Anhängern der Habsburger (s. unten). Den Grafen von Katzenelnbogen, Gerlach von Breuberg und Hartrad von Merenberg trifft man in den Monaten Februar und März 1292 bei dem Herzog zu Wien und Friesach (im Salzburgischen) und der Gedanke liegt sehr nahe, dass die genannten Herren die Fahrt nach Oestreich zusammen gemacht haben.

Auf die Frage, was hat diese Herren vom Rhein nach Wien geführt? antwortet uns das, was zwischen dem Herzog und dem von Merenberg dorten verhandelt worden ist. Albrecht versprach nämlich diesem am 12. Febr. des obgenannten Jahres, er werde ihm sein Recht auf den dritten Theil der Bede zu Wetzlar bestätigen, wenn er römischer König geworden sein werde. Die bevorstehende Königswahl war es somit ohne Zweifel, was die genannten Herren zu Herzog Albrecht von Oestreich führte, wie denn dieselbe eben in den Tagen des März auch Gegenstand weiterer Verhandlungen mit Herzog Ludwig von Baiern war. Sie kamen, um Albrecht ihrer und wohl auch noch anderer Männer am Rheine Sympathieen zu versichern, und ihn zur Fahrt in das Reich heraus und zur Ergreifung der Krone aufzufordern. Die für den Herzog von Oestreich ungünstige Stimmung der geistlichen Kurfürsten kann ihnen unmöglich unbekannt geblieben sein, und sicherlich erkannten sie, wie die wenigen von ihnen gegebenen Notizen andeuten, es als nicht in ihrem Interesse liegend, die Bestrebungen derselben zu fördern. Mit diesem Zweck der Reise der genannten Herren nach Wien stimmt auch ganz gut ihre Anwesenheit bei dem Herzog zu Friesach, denn daselbst sieht man neben denselben lauter alte Freunde und Stützen des gestorbenen Königs um dessen Sohn Albrecht versammelt: die Herzoge von Kärnthen, Vater und Söhne, den Grafen Albert von Hohenberg, den Magister Heinrich von Klingenberg, ehemaligen obersten Hofschreiber Rudolfs u. a. In Anwesenheit der genannten Herren gewährte der Herzog, nachdem er den Aufstand des steirischen Adels rasch niedergeworfen hatte, diesem aus freien Stücken seine alten Privilegien, eine Nachgiebigkeit, deren Grund vornämlich darin zu suchen ist, dass er im Begriff war, in Sachen der Krone oder wenn nöthig zum Kampf um dieselbe an den Rhein zu fahren (s. unten). Ottokar von Horneck und nach diesem Abt Johann von Victring berichten, wie wir bereits oben erwähnt, der Graf von K. habe seine Einladung an Albrecht im Auftrag des Erzbischofs Gerhard von Mainz gemacht, der damit aber den Herzog nur über seine und seiner Collegen Stimmung und Absichten habe täuschen wollen. Gegen diese Angabe sprechen aber die oben erwähnten thatsächlichen Verhältnisse und Beziehungen zwischen dem von Katzenelnbogen etc. und Albrecht. Auch wäre es zu spät gewesen, denn am 20. März wusste dieser, wie aus den Abmachungen mit dem Pfalzgrafen vom 25. März nnd 13. April abzunehmen ist, ohne Zweifel, dass die geistlichen Kurfürsten nicht für ihn waren. Die Persönlichkeit des Gesandten wäre allerdings fein gewählt gewesen und dieser hätte selbst nicht gewusst, zu welch' falscher Rolle er sich hergegeben, denn man hat hinreichenden Grund anzunehmen, dass der Graf wenigstens von den Verhandlungen zwischen dem Erzbischof von Köln und Graf Adolf von Nassau vor der Wahl keine Kenntniss hatte. *)

---

*) Da er mütterlicher Seits der Oheim Adolfs war, und sich von der Thronbesteigung bis zu dem unglücklichen Ende des Königs stets als dessen weiser Rathgeber und treueste Stütze bewährt hat, so könnte man mit Recht erwarten, dass er von Seiten Adolfs einer der vertrauten Männer werde gewesen sein, in deren Beisein, mit deren Zustimmung und Beihilfe die mehrerwähnte Wahl-Capitulation zwischen demselben und dem Erzbischof von Köln abgeschlossen und in eine Handfeste gebracht worden ist. Dem ist aber nicht also. Als solche werden genannt: Herr Johann von Limburg (Adolfs Schwager, Bruder von Adolfs

Man findet nun zwar nicht blos den Grafen von Katzenelnbogen sondern auch Hartrad von Merenberg und Gerlach von Breuberg alsbald nach Adolfs Wahl entschieden auf dessen Seite. Diese Stellung konnten sie, die vorher zwar für Herzog Albrecht von Oestreich gewesen, daneben aber nichts für den Nassauer Grafen gethan hatten, übrigens wohl einnehmen, ohne ihrer Ehre zu schaden. Auch hat der Graf von Katzenelnbogen, den seine Zeitgenossen als einen Mann von makelloser Ehre schildern, als er nach der Schlacht bei Göllheim gefangen vor den Herzog von Oestreich und Erzbischof Gerhard von Mainz geführt worden, und dieser ihm Abfall von dem Herzog und Untreue gegen denselben vorgeworfen, dem Kirchenfürsten mannhaft entgegnet: Ich habe nicht aus Treulosigkeit, sondern im Gegentheil um meine Treue zu wahren, gekämpft, ich habe einen guten Kampf gekämpft, meinem wahren und rechtmässigen Herrn die Treue bewahrt, mein Gewissen nicht verletzt, und meinen Stamm nicht geschändet. *)

Fassen wir die von uns erörterten Wahl-Bewegungen, Ziele und Resultate nach ihren Haupt-Richtungen und Stadien kurz zusammen, so ergibt sich folgendes.

Von Anfang an bis zur Wahl selbst war Herzog Ludwig von Baiern und Pfalzgraf bei Rhein für Erhebung seines Schwagers, des Herzogs Albrecht von Oestreich, auf den deutschen Thron. Er suchte für diesen auch seine weltlichen Collegen, zuerst den König Wenzel von Böhmen zu gewinnen, aber noch ganz kurze Zeit vor der Wahl (13. April 1292) war ihm dies bei keinem gelungen, doch glaubte er, nachdem er alle Hoffnung in Beziehung auf Wenzel etwa auf-

---

Gemahlin), Johann von Rheinberg im Clevischen, den man später als Adolfs Vogt im Speiergau und dessen treuesten Vasallen und Mitkämpfer in der Schlacht bei Göllheim trifft. Gotfried von Merenberg, welchen Adolf nicht lange nach seiner Thronbesteigung statt des habsburgisch gesinnten Ochsenstein zum Landvogt des Elsasses machte, endlich Herr Ulrich von Hagenau, von dem wir indess nichts Näheres anzugeben wissen. — — Fürchteten die beiden Contrahenten, der Erzbischof und Adolf von Nassau, etwa die Missbilligung des Gr. v. Katzenelnbogen, welcher von seinen Zeitgenossen als weiser und erfahrener Mann geschildert wird? Standen ihnen dessen gute Beziehungen zum Haus Habsburg im Wege? Oder hielt man den Gr. von K. ferne, weil er in Betreff der Burg Cochem, welche Adolf dem Erzbischof zusagte, betheiligt war? (s. unten).

*) So wenigstens nach Joh. von Victring, einem östreichisch-gesinnten Berichterstatter.

gegeben, noch Sachsen und Brandenburg auf seine Seite ziehen zu können, täuschte sich aber hierin. K. Wenzel war es nämlich schon gegen den Schluss des Jahres 1291 gelungen, die genannten beiden Kurfürsten vertragsmässig an seine Stimme zu binden, ohne sich indess schon für einen Candidaten ausgesprochen zu haben.

Um die gleiche Zeit (7. Dez. 1291) war es bereits kein Geheimniss mehr, dass Erzbischof Gerhard von Mainz und ohne Zweifel auch der von Köln (Sifrid) nicht für die Erhebung des Herzogs von Oestreich waren. Der Pfalzgraf bei Rhein aber hoffte, durch die indess erst noch von ihm zu gewinnenden weltlichen Kurfürsten eine Entscheidung der Wahlfrage zu Gunsten seines Schwagers ohne den Erzkanzler und dessen Genossen herbei führen und diesen zuvor kommen zu können.

Auch der Herzog von Oestreich glaubte in den ersten Monaten des Jahres 1292 noch auf seinen Wahlsieg rechnen zu dürfen und erwog, von seinen Freunden in Schwaben und am Rhein aufgemuntert, wohl auch über die ihm ungünstige Stimmung der geistlichen Kurfürsten orientirt, die diesfalls weiter zu unternehmenden Schritte.

Inzwischen hatten sich die Erzbischöfe von Köln und Mainz bereits auf den Grafen Adolf von Nassau, als ihren Thron-Candidaten geeinigt, wozu die erste Anregung ohne Zweifel von Köln ausgegangen ist. Und nun begannen auch die Wahl-Unterhandlungen zunächst zwischen ihnen, sodann zwischen Köln und Böhmen, das sie für ihren Candidaten gewonnen, wie auch noch vor der Wahl ihren Collegen zu Trier. Ueberdies wurden durch Vermittlung von Köln Unterhandlungen zwischen K. Wenzel und dem Grafen von Nassau gepflogen.

Mit dieser Parteistellung der Kurfürsten vor der Wahl stimmt auch der Umstand, dass allein von Zugeständnissen und Versprechungen Adolfs gegenüber von dem Herzog von Baiern nichts bekannt ist, während jener solche Köln, Mainz, Trier und Böhmen unmittelbar, dem Kurfürsten von Sachsen und wohl auch dem von Brandenburg aber mittelbar durch Böhmen gemacht hat. Die Entschädigung des Herzogs von Baiern für die gehabten Wahlkosten von Seiten Adolfs (s. unten) kommt hier nicht in Betracht, dagegen wird dessen Stellung auf der Seite des Herzogs von Oestreich dem obigen analog durch die Versprechungen bezeichnet, welche letzterer vor der Wahl ihm gegeben hat.

Im Beginn des Frühjahrs 1292 gaben der Pfalzgraf und sein Schwager Albrecht zwar die Stimmen der geistlichen Kurfürsten für sie bereits verloren, sowie auch die Wenzels, aber sie hofften, da ihnen die Abmachungen des letzteren mit Sachsen und Brandenburg unbekannt geblieben waren, diese beiden Kurfürsten noch auf ihre Seite ziehen und so wenigstens über drei Stimmen verfügen zu können, wie bereits bemerkt. Für diesen Fall aber gab sich der Herzog von Oestreich im Vertrauen auf seine Macht und die zu erwartende Hilfe seiner Freunde in Schwaben und am Rhein der Hoffnung hin, er werde schliesslich den Sieg über seinen Rivalen davon tragen.

## Dritter Abschnitt.

**Herzog Albrecht von Oestreich zieht als Bewerber um die deutsche Krone mit einer für jene Zeiten ansehnlichen Streitmacht an den Rhein, nachdem er in seinen Herzogthümern und an deren Grenzen Ruhe und Frieden einigermassen gesichert.**

Herzog Albrecht hat trotz der ihm ungünstigen Stimmung der Kurfürsten auf dem Reichstage zu Erfurt und namentlich dem Hoftage zu Frankfurt seine Absichten und Hoffnungen auf die deutsche Krone nicht aufgegeben, wie schon die Verabredung beweist, welche er auf der Heimfahrt von Erfurt im Sept. 1290 mit seinem Schwager Ludwig getroffen hat (s. oben S. 11.)

Wohl mochte er sich die Weigerung der Kurfürsten, auf seines Vaters Wunsch einzugehen, dahin erklärt haben, dass dieselben ihre Wahl darum noch frei haben wollten, um daraus möglichst viel Vortheile zu ziehen. Auch hatte er, wie wir bereits wissen, die Verfolgung seines Zieles nicht ausser Auge gelassen, aber in dem Zeitraum von dem Tode seines Vaters bis kurz vor der Wahl wurde seine Thätigkeit durch drohende Ereignisse im Innern seiner Herzogthümer und an deren Grenzen sehr in Anspruch genommen.

Das Königreich Ungarn war ihm 1290 zwar von seinem Vater zu Lehen aufgetragen worden, aber die Ungarn hatten damals bereits Andreas den Venetianer zu ihrem Könige gewählt (s. oben S. 10.) Das Jahr vorher hatte Albrecht einen Feldzug gegen den mächtigen ungarischen Grafen Iwan (Johann) von Güns, der in des Herzogs

Lande Raubeinfälle gemacht, unternommen. Es war dies zugleich
auf Antreiben des Königs Ladislaus von Ungarn geschehen, dem
in einer früheren Fehde die Bezwingung des Grafen nicht gelungen
war. In diesem Kriege hatte der Herzog mehrere ungarische Städte
und Burgen, unter anderen Pressburg, an der östreichischen Grenze
erobert und sofort besetzt. Dieselben gedachte er als Stützpunkte
seiner noch nicht aufgegebenen Ansprüche auf den ungarischen Thron
zu benützen, verweigerte daher die von König Andreas verlangte
Herausgabe derselben. Seinen Vater um Reichshilfe, den Herzog
von Kärnthen und den östreichischen Adel um Beistand angehend,
beschloss Albrecht zu den Waffen zu greifen, machte auch verheerende
Einfälle in das ungarische Gebiet. Darauf, im Anfang des
Sommers 1291, rückte der König von Ungarn mit einem sehr
starken Heere über die Raab. Während die wilden Kumanen, der
Vortrab des ungarischen Heeres, verwüstend in die östreichischen
Grenzgebiete einfielen und ein anderer geordneterer Heerhaufe die
meisten der von Albrecht besetzten Plätze mit Ausnahme von
Pressburg eroberte, rückte Andreas unter schrecklichen Verwüstungen
gegen Wien vor, in das sich der Herzog, der nun nach dem
Tode seines Vaters keine Reichshilfe erwarten konnte, geworfen
hatte. Obgleich die Ausfälle Albrechts zurückgeschlagen, sogar die
Vorstädte Wiens in Brand gesteckt worden waren, so zeigte sich
Andreas doch zur Aufhebung der Belagerung geneigt, da er Entsatz
fürchtete und sein Heer anfieng Mangel zu leiden. Es kam auch
unter Vermittlung von einigen Bischöfen zunächst eine Waffenruhe
und bald darauf, Ende des August, der Friede zu Stande. In demselben
musste der Herzog Stadt und Schloss Pressburg, die Stadt
Tyrnau und was er sonst von ungarischem Krongut erobert hatte,
herausgeben. König Andreas, welcher noch kurz vor seiner Erhebung
auf den ungarischen Thron von der Gastfreundschaft des Herzogs
in Wien gelebt hatte, und dieser gelobten sich Schutz gegen Jedermann,
nur nicht gegen den Pabst und den römischen König.

Sicherlich hat Albrecht, der auf seine Ansprüche an Ungarn
hatte verzichten und auch das Eroberte herausgeben müssen, darum
gerne die Hand zum Frieden geboten, weil der am 15. Juli 1291
erfolgte Tod seines Vaters ihn nun dringend an die Verfolgung
seines hohen Zieles mahnte. In dieser Absicht und eine zwiespältige
Wahl befürchtend soll er nach Ottokar von Horneck die Reichskleinodien
auf das Habsburgische Schloss Kiburg in der Schweiz haben bringen

lassen.\*) Dieselben waren sonst, sofern die Kaiser sie nicht mit sich führten, seit den Zeiten des Kaisers Friedrich I. meist auf der Burg Trifels bei Anweiler in der baierischen Pfalz aufbewahrt worden.

Zum Glück für den Herzog drängten aber die einflussreichsten Kurfürsten nicht mit der Besetzung des erledigten deutschen Königsthrones (s. oben S. 14 f.), denn nicht lange nach der Beilegung des ungarischen Krieges gestalteten sich die Verhältnisse in Albrechts Staaten selbst so drohend, dass er sich allererst von dieser Seite sichern musste.

Schon seit einer Reihe von Jahren war Albrecht Herzog von Steiermark und noch im Jahr 1291 waren die Freiheiten des Landes, beziehungsweise des Adels von ihm nicht bestätigt. Als er nun auf dem Landtage zu Grätz (im Oktober 1291) von den Steirern eine ausserordentliche Geldhilfe zur Ausgleichung des Schadens, welchen Oestreich im ungarischen Kriege erlitten, verlangte, erachtete es der Adel für den günstigsten Zeitpunkt, die Bestätigung seiner Privilegien von ihm zu fordern und drohte, wenn der Herzog nicht darauf eingehen würde, mit Verweigerung der Beisteuer und sogar Aufsagen des Gehorsams. Ueberdies hatte der herzogliche Landeshauptmann in Steiermark, Abt Heinrich von Admont, sowie Albrechts Bevorzugung der Schwaben im Hof- und Kriegsdienste die Unzufriedenheit des steirischen Adels erregt. Diesem hatte sich der Bischof Leupold von Seckau, der auf dem Tage zu Grätz gegenüber von dem Herzog sogar den Sprecher gemacht, angeschlossen. Wie es aber nicht in Albrechts Charakter lag, sich etwas abtrotzen zu lassen, so verliess er, ohne etwas bewilligt zu haben, Steiermark und kehrte nach Wien zurück, wo er an Weihnachten sich mit (?) 700 östreichischen Edlen zum Ritter schlagen liess. Ein deutlicher Wink, was die Steirer Herren zu gewarten hatten, denn solcher Ritterschlag in Masse pflegte, wenn nicht Hoffeste hiezu Veranlassung gaben, nur vor einem Kriege oder einer Schlacht vorgenommen zu werden. Inzwischen hatten die Steirer Herren auch den neuen Erzbischof Konrad von Salzburg für ihre Sache gewonnen, und es kam zwischen demselben und ihnen ein förmliches Bündniss zu Stande. Bald trat auch durch Bemüh-

---

\*) Nach anderen Angaben hatte dies schon K. Rudolf angeordnet, was uns auch viel wahrscheinlicher vorkommt. Vglche. Wagner, schediasma alterum de vita Adolphi Nassovii, S. 27. Note a.

ungen des Erzbischofs Herzog Otto von Niederbaiern in den Bund, und diesen wollte der Steirer Adel zum Landesfürsten machen. Als die Verbündeten sich stark genug glaubten, sandten sie dem Herzog Albrecht einen förmlichen Absagebrief.

Um dieselbe Zeit, und nachdem die Haltung des steirischen Adels und der mit demselben Verbündeten bereits einen sehr drohenden Charakter angenommen hatte, sieht man den Herzog gleichwohl mit der Verfolgung seines Planes auf die deutsche Krone beschäftigt, wie die Anwesenheit des Grafen Eberhard von Katzenelnbogen, der freien Herren Gerlach von Breuberg und Hartrad von Merenberg bei Albrecht zu Wien im Februar 1292 beweist (s. oben S. 59.) Und erst als Herzog Otto von Niederbaiern und der Erzbischof Konrad von Salzburg im Einverständniss mit dem aufständischen steirischen Adel, der sich übrigens in seine festen Burgen geworfen, in Steiermark eingefallen waren und mehrere Städte und Burgen erobert hatten, brach der Herzog um die Mitte des Febr. 1292 mit einem starken Heere auf, um die Feinde aus Steiermark zu vertreiben. Zuvor hatte er den tapferen Hermann von Landenberg, den Marschall (Hauptmann) der in seinen Diensten stehenden Schwaben, an der Spitze einer Schar abgeschickt, mit welcher dieser das dem Herzog treu verbliebene Bruck besetzte und bis zum Anrücken desselben gegen die Baiern hielt. Diese zogen indess schon auf die Kunde von Albrechts Anzug eiligst ab und räumten überhaupt Steiermark. Nachdem Albrecht sich mit Landenberg vereinigt hatte und von Bruck aus nach Judenburg gezogen war, rückte er gegen das Salzburgische Friesach, in das sich ein Theil der Aufständischen geworfen, und erstürmte es.

Hiemit schloss dieser Feldzug des Herzogs gegen Otto von Niederbaiern, den Erzbischof Konrad von Salzburg und den aufständischen steirischen Adel. Letzterer unterwarf sich sodann grösstentheils. Und nun bestätigte Albrecht aus ganz freien Stücken noch in Friesach (Ende des März 1292) dem Herzogthum Steiermark die Gewohnheiten und Rechte, welche demselben von seinen Vorgängern und K. Rudolf verliehen worden waren. Ueberdies suchte er die öffentliche Meinung des Landes dadurch für sich zu gewinnen, dass er den bisherigen verhassten Landeshauptmann, obgleich dieser die Interessen seines Herrn immer entschieden vertreten hatte, seines Amtes enthob und an dessen Stelle eine beliebte Persönlichkeit einsetzte.

Ottokar von Horneck erkennt in diesem nachgiebigen Auftreten des Herzogs einen Akt der Grossmuth desselben. Wir wollen demselben zwar den schönen fürstlichen Zug, gerne »Gnade für Recht ergehen zu lassen,« nicht absprechen; in dem vorliegenden Falle aber folgte nach unserem Dafürhalten der Herzog mehr dem Gebote der Klugheit. Denn in Friesach, wo man um die gedachte Zeit eine Anzahl der entschiedensten Anhänger des Habsburgischen Hauses um Albrecht versammelt sieht, war die Angelegenheit der Krone sicherlich der Gegenstand einer reiflichen Berathung (s. oben S. 59), und der nahe bevorstehende Aufbruch des Herzogs an den Rhein (s. sogleich unten) der Hauptgrund von dessen Nachgiebigkeit gegen den Steirer Adel.

Und zwar muss die Fahrt Albrechts in das Reich ihm und seinen Rathgebern sehr dringend erschienen sein, da hervorragende steirische Landherren sich noch nicht unterworfen hatten, überdies weder mit Salzburg noch Niederbaiern Friede geschlossen war. Auch hat des Herzogs Partei von dem persönlichen Erscheinen desselben in Schwaben und den Rheinlanden, dem damaligen Schwerpunkt des Reichs, zumal an der Spitze einer achtunggebietenden Streitmacht sicherlich ein grosses Resultat erwartet. Wohl hatte Albrecht selbst am 13. April 1292 die Zusage seiner Wahl nur von einem Kurfürsten, seinem Schwager Ludwig, konnte aber auf das bündige Versprechen und bei dem immerhin grossen Ansehen desselben doch noch · auf etwa zwei weitere Stimmen, nämlich die von Sachsen und Brandenburg, hoffen (s. oben S. 63). Und dann wäre die für ihn günstige Eventualität eingetreten, von der wir oben S. 16 f. bei Pfalzgraf Ludwig gesprochen haben. Und eben um einem solchen Verlauf der Wahl, nöthigenfalls mit Waffengewalt Anerkennung zu verschaffen, wollte er an der Spitze einer sehr ansehnlichen Zahl von auserlesenen, ihm ganz ergebenen Streitern in Schwaben und am Rhein erscheinen, wo er auf namhafte Zuzüge rechnen konnte.

War er einmal im Besitz der Krone, alsdann konnte es ihm, so kalkulirte er wohl, nicht schwer werden, mit Niederbaiern, Salzburg und den noch unbotmässigen steirischen Herren vollends fertig zu werden.

Nachdem Albrecht durch Bestellung eines herzoglichen Statthalters für Oestreich in der Person seines Truchsessen Dietrich von Emmerberg und nach Einsetzung eines beliebten Landeshauptmanns in Steiermark nach Thunlichkeit für die Regierung und Ruhe seiner Herzogthümer gesorgt hatte, trat er seine Fahrt zur Krone an. Sein militärisches Gefolge soll nach Ottokar 600 Ritter gezählt haben, von denen 50 kurz zuvor den Ritterschlag erhalten hatten. Zu dieser Ritterschar kam wie herkömmlich ohne Zweifel noch eine Anzahl Speerknappen, wohl auch reisige Knechte. Die 600 Ritter trugen, wie sich Ottokar ausdrückt, alle des Herzogs »Chlaid« (Kleid); es waren sonach Ritter, die persönlich sich dem Herzog zu Treue und Dienst gegen Jedermann ohne Ausnahme verpflichtet hatten, mit einem Wort Dienstmannen, das Vorbild unserer stehenden Heere.

Herzog Albrecht zog von St. Veit in Steiermark, ohne zuvor wieder nach Wien zurückgekehrt zu sein, nach München, wo am 13. April (s. oben S. 17) die letzten Verhandlungen mit seinem Schwager Ludwig über die Wahl Statt fanden. Von da nahm er die Richtung seinen oberschwäbischen Besitzungen an der Donau zu, wo man ihn am 24. April in seiner Stadt Mengen trifft. Hier zog er aus seinen dortigen Lebensleuten weitere Streitkräfte an sich.*) Von Mengen schlug er sich nordwärts, um Graf Albert von Hohenberg, seinem Oheim und dem entschiedensten Verfechter seiner Sache, einen Besuch abzustatten. So ist ohne Zweifel des Herzogs Aufenthalt in dem heutigen württembergsch. Städtchen Gröningen (Markgröningen) zu deuten. Dasselbe mit Burg war nämlich damals in den Händen des genannten Grafen. Vor Jahren (1284) hatte Albrechts Vater, der römische König, eine daselbst abgehaltene Hochzeit des Hohenberger Hauses mit seiner Gegenwart verherrlicht. Nachdem, wie wir bereits wissen, der von seinem Schwager Ludwig auf den 25. April angesetzte Wahltag von den übrigen Kurfürsten unbeachtet vorüber gegangen war, hatte es auch einerseits mit seiner Fahrt keine Eile, andererseits erforderte seine eben dadurch kritisch gewordene Lage ein behutsames Vorgehen. Am 28. April verliess Albrecht Gröningen, um, wie wir annehmen, auf der Strasse, welche schon in alten Zeiten über Vaihingen a. d. Enz einerseits nach Strassburg, andererseits nach Frankfurt führte, der Wahlstadt näher

---

*) Hierauf hat die Notiz Bezug, nach welcher der Herzog bei seinem späteren Aufenthalt in Mengen (Nov. 1292. s. im vierten Abschnitt) dem Ritter Heinrich von Magenbuch 156 Mark für seine Dienste zuwies, und bis zur Zahlung derselben ihm 15 Mark Einkommen von den Vogteien Gutenstein, Mengen und Sigmaringen verpfändete.

zu rücken, und in dem Städtchen Weinheim, \*) welches an der nach Frankfurt führenden »Bergstrasse« vier Stunden nördlich von Heidelberg liegt, den Ausgang der Wahl abzuwarten. Nachdem diese entschieden ungünstig für ihn ausgefallen war, zog er sich in das ihm ergebene Elsass (s. S. 55 f.), zunächst nach Hagenau und von da über Strassburg nach Colmar, in das er am 14. Mai mit 1500 Pferden einritt (s. den nächsten Abschnitt S. 80).

---

\*) Ottokar von Horneck schreibt „Veintsheim," wobei wir an das der Lage nach am meisten passende Weinheim denken, und Angesichts der vielen ungenauen Namenangaben Ottokars bei unserer früheren Deutung stehen bleiben. So nennt er, um ein uns ganz nahe liegendes Beispiel anzuführen, die schwäbische Burg Herwartstein, welche K. Rudolf 1287 mehrere Wochen lang belagert hat, „Potenstein," während eben dieser Umstand zu der Erwartung berechtigt, Ottokar sollte hierin genauer unterrichtet sein.

# Vierter Abschnitt.
## Die Wahl.

**Graf Adolf von Nassau wird am 5. Mai 1292 zu Frankfurt am Main mit Zustimmung aller Kurfürsten zum römischen König erwählt. — Die Haltung des Herzogs Albrecht von Oestreich gegenüber von demselben.**

An dem von Pfalzgraf Ludwig angesetzten Wahltage — dem 25. April 1292 — erschien, wie wir bereits wiederholt bemerkt haben, keiner der Kurfürsten, Ludwig ohne Zweifel selbst nicht, da er nicht wird haben allein dastehen wollen; denn wir können nicht annehmen, dass ihm die Lage der Dinge bis zu dem von ihm gesetzten Termine unbekannt geblieben ist. Dagegen erschienen auf den von dem Erzkanzler bestimmten Tag — den 2. Mai,— nebst diesem persönlich dessen beide geistliche Collegen von Trier und Köln, der Herzog Albrecht von Sachsen und Markgraf Otto der Lange von Brandenburg. König Wenzel stellte sich, weil gerade krank, nicht selbst ein, sondern liess sich durch eine gehörig bevollmächtigte Deputation vertreten, deren Hauptperson der uns schon bekannte Probst Bernhard von Meissen war. Der Pfalzgraf aber war, wie man annehmen muss (s. unten), an dem von seinem Rivalen, dem Erzkanzler, angesetzten Wahltage noch nicht in Frankfurt. Sonst waren noch viele Herren und Ritter, wie auch eine grosse Menge gemeinen Volks der Wahlstadt zugeströmt.

Die anwesenden Kurfürsten hatten sich, wie wir in dem zweiten Abschnitt ausgeführt, schon vor dem 2. Mai über einen

Candidaten, den Grafen Adolf von Nassau, geeinigt, und auch die Deputation des Böhmenkönigs hatte eine damit übereinstimmende Ordre für den Vorsitzenden des Wahl-Collegiums, den Erzbischof Gerhard von Mainz, laut welcher diesem zugleich Wenzels Stimme übertragen wurde, da dessen Boten weder bei der Schlussberathung der anwesenden Kurfürsten Sitz und Stimme haben, noch bei der Proklamation des Gewählten an der Seite derselben auftreten konnten.

Es hätte bei der Majorität von sechs Stimmen gegen eine, die des abwesenden Pfalzgrafen, nun allerdings unverweilt zu der formellen Wahl und sofortigen Proklamation geschritten werden können, aber das anwesende Wahl-Collegium, beziehungsweise dessen Vorsitzender, wollte in umsichtiger Berechnung der Verhältnisse nichts unversucht lassen, um auch den Pfalzgrafen zum Erscheinen und zur Einwilligung in die von den andern Kurfürsten bereits getroffene Wahl zu bestimmen. Darum die Verschiebung der Proklamation des neuen Königs vom 2. auf den 5. Mai.*)

Pfalzgraf Ludwig liess sich auf die mit ihm gepflogenen Verhandlungen auch herbei. Er ritt, als er die Ueberzeugung gewonnen hatte, dass er einer Majorität von sechs Stimmen gegenüber stehe, und so seine Werbungen für seinen Schwager vergebens gemacht sah, auch in die Wahlstadt ein, aber wie ein Privatmann ohne jegliches Gefolge, womit er wohl andeuten wollte, dass er darauf verzichte, auf seine Collegen irgend einen Druck zu üben. Dass Ludwig erschien und schliesslich auch seine Zustimmung zur Erhebung seines Burgmanns von Kaub (s. im sechsten Abschnitt) auf den deutschen Thron gab, hat man ohne Zweifel der grossen Friedensliebe des greisen Fürsten**) zuzuschreiben. Offenbar wollte er damit seinem mächtigen und kampfbereiten Schwager auch jeglichen Schein zur Berechtigung benehmen, sich, was er durch die Stimmen der Kurfürsten nicht erlangt, mit dem Schwerte zu erkämpfen. Dabei war er aber auch zu stolz, sich seine nachträg-

---

*) Der Erzkanzler sagt in der Urkunde vom 10. Mai 1292, mit welcher er, wie herkömmlich, der deutschen Nation die Wahl des Grafen Adolf von Nassau zum römischen König kund thut, ausdrücklich, dass die Wahl auf den 5. Mai verschoben worden sei.

**) Er hatte einst (1273) gegründete Hoffnung römischer König zu werden, trat aber, um eine zwiespältige Wahl abzuwenden, gegen den ihm an Macht weit nachstehenden Grafen Rudolf von Habsburg zurück.

liche Zustimmung durch Gunstbezeugungen des Erwählten vergüten zu lassen. Der Ersatz seiner Wahlkosten (s. im nächsten Abschnitt), unter welchen ohne Zweifel namentlich der bei seinen Werbungen gehabte Aufwand begriffen ist, kommt als herkömmliche Vergütung hier nicht in Betracht.

So muss denn selbst der gleichzeitige Schreiber der bischöflichen Kurie in Strassburg, Gotfried von Ensmingen, ein entschiedener Anhänger des Herzogs Albrecht von Oestreich, sagen, dass die Wahl des Grafen Adolf von Nassau zum römischen König »concorditer« Seitens aller Kurfürsten zu Stande gekommen, wie auch der Erzkanzler in seinem bereits erwähnten Wahl-Manifest beurkundet, dass er zugleich im Namen des Königs von Böhmen und nach erlangter Zustimmung der übrigen Kurfürsten den Grafen erwählt, d. h. proklamirt habe. Es ist hienach und insbesondere unseren auf urkundlicher Basis ruhenden speziellen Ausführungen des zweiten Abschnitts zufolge die gar umständliche Darstellung, welche unser geschwätziger Chronist, Ottokar von Horneck, von dem Hergang der Wahl gibt, in das Reich der Erfindungen zu verweisen. Derselbe erzählt nämlich, der Erzkanzler habe durch eine Reihe schlauer Ränke die Kurfürsten dahin gebracht, dass sie ihm ihre Stimmen übertragen hätten, theils ohne zu wissen, wen er proklamiren werde, theils in der Meinung, er stehe auf der Seite des Herzogs von Oestreich. *) Mit dem zwar gut stimmend, aber gleich unrichtig sagt eine andere Quelle, die Kurfürsten seien bei der Nennung des Nassauer Grafen ganz verblüfft (»stupefacti«) gewesen.

Nun die solenne Wahl oder Proklamirung des Erwählten selbst. Wie der vielgenannte Pfalzgraf Ludwig bei Rhein in Folge eines mit den übrigen Kurfürsten zu Stande gekommenen Compromisses am 29. Sept. 1273 den Grafen Rudolf von Habsburg zum römischen König proklamirt hatte, so übertragen bei der vorliegenden Wahl die Kurfürsten diese ehrenvolle Funktion, ohnedies ein von alter Zeit her den Erzbischöfen von Mainz zukommendes Ehrenamt und Vorrecht, dem Erzkanzler Gerhard. Dieser proklamirte

---

*) Die Ansicht, der Erzbischof Gerhard von Mainz habe sowohl die übrigen Kurfürsten als insbesondere auch den Herzog Albrecht von Oestreich hinter's Licht geführt, war in Ermanglung besserer Nachrichten bis in die neueste Zeit allgemein herrschend. Auch wir sind in unserm „Kampfe um das Reich" derselben um so unbedenklicher beigetreten, als wir bei jener Arbeit nicht auf die Wahl einzugehen hatten.

denn auch am Morgen des 5. Mai 1292 in der Dominikaner-Kirche zu Frankfurt am Main unter Anwesenheit der übrigen Kurfürsten, der böhmischen Deputation und einer zahlreich versammelten Zuhörerschaft den Grafen Adolf von Nassau zum römischen König.

Ottokar von Horneck hat, wenn er in Betreff der Wirkung dieser Proklamation auf das anwesende Publikum sagt, dass ein allgemeines Staunen entstanden sei, wohl Recht. Wenn er aber noch weiter berichtet, dass alle »Laien,« entrüstet über die Wahl, darauf eiligst die Kirche verlassen hätten, und nur die »Pfaffen« geblieben seien, um das Te deum zu Ende zu bringen, welches der Erzbischof Erzkanzler zum feierlichen Schluss des Wahlaktes augestimmt, so halten wir ihm das zu gut.

Manchem der anwesenden Herren von Adel, der die frühere Herrlichkeit und Grösse des deutschen Reichs aus dem Munde der Alten hatte preisen hören, dessen Vater vielleicht, wie Graf Rudolf von Habsburg, auch Zeuge gewesen, als einst der mächtige Ungar-König Bela dem grossen Kaiser Friedrich II. die Krone des heiligen Stephan hatte zu Füssen legen und um Schutz derselben bitten lassen — Manchem derselben — sagen wir, mochte es allerdings schwer glaublich, ja unmöglich (»unmuglich« wie Ottokar sagt) vorgekommen sein, dass ein ziemlich mittelloser Graf nun des deutschen Reichs Schirm und Hort werden sollte. Wohl mag sich indess auch mancher arme aber tapfere deutsche Ritter, welcher in der Wahl des Grafen von Nassau, deren geheime Triebfedern ihm unbekannt waren, eine glänzende Anerkennung der ritterlichen Kunst und Kraft erblickte, dadurch geehrt und gehoben gefühlt haben.

Wie die östreichische Partei, Herzog Albrechts Anhang, die Erhebung Adolfs von Nassau mit scharfem Tadel der Kurfürsten, insbesondere der geistlichen und beissendem Spott über den Erwählten aufgenommen, zeigen die weiteren Auslassungen Ottokars von Horneck. Wie soll, sagt dieser, das »Gräflin,« welches die »Pfaffen« nun gewählt haben, des Reiches Frommen schaffen? Man sah ihn (den Erwählten), fährt Ottokar fort, zu Frankfurt mit zwei Edelknaben herumgehen, einen Zaum zu kaufen. Um solchen möglichst billig zu erhalten, wurden alle Kramläden besucht. Ach! wie schlecht wurde da das Reich berathen! Ueber den dagegen, welcher mit einem Gefolge von 600 Rittern gekommen, giengen sie weg und nahmen einen armen Mann, der nie weder Verstand noch Witz noch eine andere Tugend besass, als die, dass er ein guter Ritter war.

Was hier Ottokar von des neuen Königs Sparsamkeit zu erzählen weiss, stimmt aber schlecht damit, dass derselbe während seines Aufenthalts zu Frankfurt (den Monat Mai hindurch) den für jene Zeiten sehr bedeutenden Aufwand von 25,000 Mark Silber gemacht hat, die er allerdings unter Bürgschaft des Erzbischofs Gerhard von Mainz schuldig blieb. (S. im fünften Abschnitt.) Auch darf man hier wohl daran erinnern, dass seiner Zeit, nach der Erwählung des Gr. Rudolf von Habsburg, einer der grössten Gegner desselben, der damalige Bischof Heinrich von Basel, spöttisch ausgerufen hat: »sitz fest, lieber Herrgott, oder Rudolf wird sich auf deinen Thron setzen,« und dass die häufige Geldarmuth des Habsburgers nicht selten der Gegenstand des Spottes seiner Zeitgenossen war. Auch Rudolf hatte, weil er keine baren Mittel besessen, unter Stellung von Bürgen ein Anlehen aufnehmen müssen, um den Kurfürsten die geforderten Wahlkosten ersetzen zu können.

Nicht die Mittellosigkeit, oder besser gesagt, nicht die geringe Hausmacht ist es, was den Nassauer Grafen der Krone »unwürdig« und schon nach sechs Jahren verlustig gemacht hat. Graf Rudolf von Habsburg war gegenüber von den deutschen Fürsten, über die er gesetzt worden, auch ein ziemlich unbedeutender Herr gewesen, ja er stand an Macht manchem Grafen nach. Dabei ist in die Wagschale Adolfs von Nassau zu legen, dass er mit den einflussreichen, mächtigen Erzbischöfen (Kurfürsten) Gerhard von Mainz und Sifrid von Köln, sowie mit vielen angesehenen Grafen und Herren der Rheinlande verwandt, ferner einer der ersten Ritter und im Besitz einer für jene Zeiten nicht gewöhnlichen Bildung war (s. im sechsten Abschnitt). Auch ist es insbesondere nicht Adolfs angebliche Untüchtigkeit zum Regenten, was ihm zum Fall gereichte, denn wir werden uns in der Lage sehen, ihm auf Grund urkundlicher Zeugnisse über seine Regierung ein besseres Prädikat zu ertheilen (s. sechsten Abschnitt).

Der Sturz des Königs ist auf andere Ursachen zurückzuführen.[*]) Es ist zunächst die schmähliche Abhängigkeit, in welche er sich bei seiner Wahl gegenüber von dem Erzbischof Gerhard von Mainz begeben;

---

[*]) Vergleiche hiezu, was wir im sechsten Abschnitt bei unserer kurzen Charakterisirung Adolfs als Regenten weiter sagen.

es sind die masslosen, ja leichtfertigen, möchte man sagen, Zusagen, welche er seinen Wählern gemacht hatte, aber theils nicht halten konnte, theils nicht wollte (s. fünften Abschnitt); es ist das Ringen des Königs nach freier selbständiger Bewegung namentlich gegenüber von dem Erzkanzler, der seine rechte Hand in der Reichsregierung zu sein beanspruchte; es ist das hieraus hervorgegangene Streben Adolfs nach Besitz und Macht, nach Stützen in den Reihen des mittleren und niederen Adels und der Reichsstädte. So wurde sein vormaliger mächtiger Gönner, der Erzbischof Gerhard von Mainz, sein erbittertster Gegner; König Wenzel von Böhmen, wohl schon vorher Adolfs zweifelhafter Freund, wandte sich, nachdem er seine Plane durch ihn nicht erreicht gesehen, auch das verwandtschaftliche Band zwischen beiden Häusern durch den frühen Tod der böhmischen Prinzessin gelöst worden (s. im fünften Abschnitt), von Adolf ab und schloss sich seinem Schwager Herzog Albrecht von Oestreich an.

Und eben dieser Fürst ist durch seine eigene Macht, seine Familienverbindungen und zahlreichen Anhänger im Reich, sowie vermöge seines Charakters und seiner geistigen Begabung der gefährlichste Gegner des römischen Königs geworden, dessen Machinationen gegen ihn (s. sechsten Abschnitt) ihm eine Handhabe dazu boten, mit Heeresmacht gegen das Reichsoberhaupt zu ziehen. Kurz — Herzog Albrecht ist es vornämlich, der den römischen König Adolf von Nassau zum Fall gebracht hat.

So sieht es auch der gleichzeitige östreichische Geschichtsschreiber Seifrid Helbling an (s. im sechsten Abschnitt), wenn er sagt: »ein ander künec (nach Rudolf) wart erwelt, der ouch nâch disem lande streit, — nû ist der ander künec tôt umb disiu lant, daz ist ein nôt. *)

Daneben führte Adolfs Verletzung der Kurfürsten, vorab Gerhards und Wenzels, dem Herzog einflussreiche und mächtige Genossen zu, die sich mit andern Unzufriedenen schon nach wenigen Jahren in dem hochverrätherischen Plane zusammenfanden, ihn vom Throne zu stossen.

Solches wäre denselben aber ohne den lockeren Bestand des Reichs, ohne den offenbaren Mangel an Autorität des Königthums nicht gelungen. So ist denn König Adolf im Grunde als Opfer des anarchischen, trostlosen Zustandes gefallen, in welchem sein Vorgänger das Reich angetreten, im Grossen und Ganzen auch zurück-

---

*) Unmittelbar vorher erzählt Seifrid H., dass K. Ottokar von Böhmen auch „umb disiu lant (Oestreich) wart erslagen."

gelassen hatte. Denn wie grosse Verdienste König Rudolf von Habsburg sich gegenüber von den Zuständen des grossen Zwischenreichs auch erworben, so war es ihm doch keineswegs gelungen, die Autorität des Reichsoberhaupts als des obersten Lehensherrn gegenüber von den Fürsten und Grafen, den Vasallen desselben, zu faktischer dauernder Anerkennung zu bringen. Zum Beweis unserer Behauptung erinnern wir unsere Leser an die Kriege, welche Rudolf gegen König Ottokar von Böhmen als einen unbotmässigen rebellischen deutschen Vasallen zu führen gehabt. Nachdem in aller Form Rechtens der Reichskrieg gegen diesen beschlossen war, derselbe sich zwar nun unterworfen, bald darauf aber den dem römischen König geschworenen Lehenseid gebrochen und diesen zu einem zweiten Feldzug gegen ihn genöthigt hatte, wie schlecht waren da die allermeisten deutschen Fürsten und Grafen ihrer Vasallenpflicht nachgekommen, obgleich sie durch des Königs Briefe und Boten auf's Dringendste zum Zuzug aufgefordert worden? Ein Theil derselben verweigerte geradezu den Beistand, hielt es offen oder versteckt mit dem Reichsfeinde; andere, selbst sein Tochtermann Ludwig, nahmen eine zuwartende Stellung ein und zögerten mit dem Aufbruch; kurz die meisten stellten sich nicht mit ihren Mannen ein. Den schwachen Haufen der Reichsgetreuen aus den oberen Landen wurde der Marsch zu dem König sehr erschwert: die wenigen Schwaben, darunter ein Graf von Fürstenberg, mussten bewaffnet wie in Feindesland durch Niederbaiern ziehen; der Burggraf Friedrich von Nürnberg sah sich genöthigt, seinen Weg durch Tyrol zu nehmen, um nach Wien zu kommen.

Hat nun, so fragen wir, K. Rudolf, selbst als er auf dem höchsten Gipfel seines Ansehens stand und sich eine Hausmacht geschaffen hatte, die Abtrünnigen, Pflichtvergessenen und Säumigen vor seinen Richterstuhl geladen und zur Rechenschaft aufgefordert, wie sie ihren Vasallenpflichten gegen Kaiser und Reich nachgekommen? Hat er nach den alten Reichsgesetzen den Schuldigen ihre Reichslehen abgenommen und dieselben mit der Acht belegt? Von all' dem lesen wir nichts.

So konnte es denn auch geschehen, dass, als im Frühjahr 1298 Herzog Albrecht von Oestreich mit Heeresmacht gegen den römischen König zu Felde zog, geistliche und weltliche Fürsten, Grafen und Herren namentlich auch aus Schwaben, darunter Männer von hochgefeierten Namen, sich ihm anschlossen und ihren Vasalleneid brachen, bevor ein Theil der Kurfürsten aus selbstsüchtigen Motiven dessen Absetzung ausgesprochen hatte, worauf schliesslich in der Schlacht bei Göllheim (2. Juli 1298) das Reichsoberhaupt unter den Streichen hochverrätherischer Grafen seinen Geist aushauchen wusste. Diesen Treubruch der deutschen Fürsten und Genossen klagt auch ein gleichzeitiger, dem Namen nach nicht bekannter fahrender Sänger vom Niederrhein in seinem Gedicht über die Schlacht bei Göllheim *) als die Ursache von Adolfs Fall an, wenn er sagt:

»(o) wi der jemerlicher noit [Noth]
D(er) werde koninc de lach doit [der werthe König da lag todt]
(W)em sal [soll] ich des geiven [geben] schult?
(D)ie vursten hatte eme gehult [gehuldigt]
(b)eide(s) gemannit [den Lehenseid geleistet] und gesworen
(g)emeine [einträchtig] hatten si in ge[er] koren.«

»(O) wach dat hei des neit innois, [O! weh, dass ihn das nicht rettete],
Da(t) in des crismis flos begois [dass er der Gesalbte des Herrn war]
(u)nd de krone wart sin hoifdis dach, [und die Krone nicht seines Hauptes Schutz wurde].«

Hören wir dagegen, um die Zustände des deutschen Reichs am Ende des 13. Jahrhunderts gegenüber von denen früherer Jahrhunderte in einigen Zügen scharf zu zeichnen, und uns durch die Erinnerung an bessere Zeiten aufzurichten, wie in diesen einerseits insbesondere auch die Grafen von Schwaben ihre Treue gegen das Reichsoberhaupt erprobt, andererseits ein deutscher Kaiser seine Autorität selbst gegen den mächtigsten Fürsten zu wahren und den von demselben verübten Bruch des Vasalleneids schwer zu bestrafen vermochte.

Nachdem Herzog Ernst II. von Schwaben mit seinem Stiefvater Kaiser Konrad II., welcher seine berechtigten Ansprüche auf Burgund nicht anerkannte, so zerfallen war, dass er die mit demselben

---

*) Leider nur noch in Bruchstücken vorhanden, welche in von Liliencron, „historische Volkslieder der Deutschen," 1865 neu abgedruckt sind. Vglche. unsern Kampf (S. V. 133), in welchem wir nur den ältern Abdruck bei Haupt (Zeitschrift 3. Bd.) benützen konnten.

auch unzufriedenen deutschen Fürsten zur Empörung gereizt, dagegen dessen Anhänger bekriegt hatte, wurde er 1027 mit andern Hochverräthern auf den Reichstag zu Ulm vorgeladen. Da erschien Ernst an der Spitze eines zahlreichen und glänzenden Gefolges von schwäbischen Grafen und Herren, denen er vorhielt, wie ihre Ahnen stets treu zu ihren Fürsten gehalten, und reichen Lohn verhiess, wenn sie diesem Beispiele folgen und unter allen Umständen zu ihm halten werden. Darauf entgegneten, wohl bekannt mit der Lage der Dinge und der Tragweite der Forderung ihres Herzogs, ihm Namens ihrer Genossen zwei Grafen Anshelm und Friedrich, in denen man mit grosser Wahrscheinlichkeit Ahnherren der Tübinger und Zollern zu erkennen hat, folgendes: Allerdings hätten sie ihm Treue geschworen, werden sie auch unverbrüchlich halten, soweit und so lange es sich mit der Ehre freier Männer vertrage; gegen ihren höchsten Herrn aber den Kaiser lassen sie sich nicht gebrauchen. Auf diesen mannhaften Widerstand seiner Vasallen ergab sich der Herzog bedingungslos an den Kaiser, der ihn sodann auf die Burg Gibichenstein bei Halle (in Sachsen) in feste Haft bringen liess.

Etwa anderthalb Jahrhunderte später (1180) sehen wir abermals zu Ulm Kaiser und Reich versammelt, und wiederum war ein deutscher Fürst vor die Schranken des höchsten Gerichts zur Verantwortung geladen, aber nicht erschienen. Es war Heinrich der Löwe vom Welfenstamme, welcher die schönsten Herzogthümer, Baiern und Sachsen, vom Reich zu Lehen trug, und seine Erbländer Braunschweig und Lüneburg durch Eroberungen zu einem ansehnlichen Länder-Complex in Norddeutschland erweitert hatte. Die Streitmacht, welche der mächtige Herzog in Reichskriegen dem Kaiser stellen musste, war daher sehr bedeutend. Als aber Kaiser Friedrich I., genannt Rothbart, vom hohenstaufischen Hause, sich zu einem seiner Heerzüge gegen die lombardischen Städte besonders Mailand rüstete, verweigerte Heinrich trotz Friedrichs persönlicher Bitte die Heeresfolge, woher es zumeist kam, dass das kaiserliche Heer in der Schlacht bei Legnano (1176) geschlagen wurde. Ueber diesen Lehenstreubruch sollte sich der Herzog u. a. zu Ulm verantworten, hatte sich aber, wie bereits bemerkt, nicht gestellt. Da kam es dem Kaiser gut zu Statten, dass auch die deutschen Fürsten als Ankläger des Welfen auftraten. Er wurde seiner Herzogthümer entsetzt, in die Reichsacht erklärt und selbst seine spätere fussfällige

Unterwerfung zu Erfurt wandte nicht den weiteren strengen Spruch des Kaisers von ihm ab: er habe auf drei Jahre in die Verbannung hinaus zu ziehen.

Kehren wir nun nach dieser kurzen Abschweifung in die Zeiten der alten Herrlichkeit des deutschen Reichs zu unserer Wahl zurück und hören, welche Haltung Herzog Albrecht von Oestreich gegenüber von derselben und dem neuen Reichsoberhaupt angenommen hat.

Einer Quelle zufolge soll derselbe höchst aufgebracht alsbald in seine Herzogthümer zurückgekehrt sein. Aber abgesehen davon, dass nach urkundlichen Nachrichten Albrechts Rückkehr erst am Ende des Jahres 1292 erfolgte, pflichten wir bei dem Charakter desselben, welcher grosse Selbstbeherrschung besass und auch wenn es in seinem Innern gähren mochte äusserlich vollkommen ruhig erschien, in diesem Punkt eher dem Bericht Ottokars bei. Dieser lässt den Herzog seine Zurücksetzung ganz gefasst aufnehmen und sich damit trösten, dass derjenige ja des Schlafes entbehren müsse, welcher des Reiches Krone so tragen wolle, dass er damit Gott gefalle und den Preis der Welt erlange!

Unbekümmert um das Reichsoberhaupt, welches zur Krönung nach Aachen fuhr, zog Albrecht nach der Wahl von Weinheim (s. oben) in das Elsass, wo er am 14. Mai mit 1500 Pferden in der habsburgisch gesinnten Reichsstadt Colmar eintraf. Von da rückte er über Ensisheim in die Schweiz, um in eigener Person die Fehde wieder aufzunehmen gegen die Einigung, welche der Bischof von Constanz, der Graf von Nellenburg, der Abt von St. Gallen, die Stadt Zürich und Andere gegen ihn geschlossen hatten (s. oben). Hiemit war ihm zugleich ein erwünschter Vorwand gegeben, für alle Fälle eine ansehnliche Streitmacht auf den Beinen zu halten (s. unten). Am Ende des Monats August kam es, nachdem der Herzog Zürich und der St. Gallischen Stadt Wil heftig zugesetzt auch die Feste Nellenburg zu Fall gebracht hatte, zwischen den kriegführenden Parteien zum Frieden und Albrecht zog später in die habsburgischen Vorlande an der Donau, wo man ihn am 9. Nov. wieder zu Mengen trifft.

Inzwischen hatte König Adolf nach seiner Krönung die Monate August, September und die erste Hälfte Oktobers zu Köln verweilt, in den ersten Tagen des November zu Oppenheim Hof gehalten und war sodann über Worms, Landau und Weissenburg nach Hagenau gezogen, wo er bis Mitte Dezembers verweilte. Den Herzog dagegen haben wir, dem König ausweichend, während dieser Zeit ostwärts nach Mengen an der Donau ziehen sehen. Es gewinnt sonach den Anschein, er habe in seine Herzogthümer zurückkehren wollen, ohne durch den geleisteten Lehenseid die Anerkennung Adolfs ausgesprochen zu haben. Wenn nun auch nicht zu läugnen ist, dass die dem König zu leistende Huldigung den Herzog schwer ankommen musste, so ist auf der andern Seite eine herausfordernde unkluge Handlung von demselben nicht anzunehmen. Albrecht erwog sicherlich wohl, wie gegenüber der einstimmigen Wahl, der sich selbst sein Schwager Ludwig von Baiern trotz der bündigsten Zusagen angeschlossen, ihm sogar jeglicher Vorwand zur Nichtanerkennung Adolfs fehlen, wie vereinzelt seine Stellung sein würde, wie sehr die noch nicht beschwichtigten drohenden Verhältnisse in seinen Herzogthümern *) und an deren Grenzen seine Unterwerfung geboten. Die Hauptschwierigkeit in Betreff der Belehnung Albrechts mit Oestreich etc. muss indess der König selbst gemacht haben, wenn er den dem Erzbischof von Köln und sodann Wenzel gegebenen Zusicherungen in Betreff der Verfügung über die Herzogthümer hat nachkommen wollen. Mindestens konnte er die Belehnung nicht ohne Vorbehalt der angeblichen Rechte des Böhmenkönigs ertheilen; dies führte aber gewiss zu langen Unterhandlungen und stiess bei dem Herzog auf solche Schwierigkeiten, dass dieser die Eventualität eines bewaffneten Widerstandes gegen den König und dessen Forderungen in's Auge fasste. **)

Diesem urkundlichen Sachverhalt der Belehnungsfrage Albrechts entspricht auch im Allgemeinen die Angabe Ottokars, welcher, ohne den wahren Grund zu kennen, berichtet, die Kurfürsten hätten den Herzog zur Unterwerfung aufgefordert und ihm die Weisung ertheilt,

---

*) Während Albrechts Abwesenheit ergriffen die Steirer Herren, welche sich ihm nicht unterworfen hatten, in Verbindung mit salzburgischen und baierischen Streitkräften die Waffen gegen die Herzoglichen Anhänger, bekamen sogar den jungen Herzog Ludwig von Kärnthen in ihre Gewalt und schleppten ihn auf ihren Burgen herum.

**) In dem Frieden, welchen Herzog Albrecht mit den Zürichern am 29. Aug. 1292 schloss, heisst es unter anderem: wenn eine der beiden Parteien des römischen Königs Feind würde, so bliebe der andern doch unbenommen, demselben zu Hilfe zu ziehen.

sich, wenn der König die Weihe erhalten, in Oppenheim zur Belehnung einzufinden. Wie die Sache, bei welcher die nicht verwirkten Rechte Albrechts auf die Herzogthümer den Ansprüchen Wenzels auf dieselben einander gegenüber standen, zum Austrag kam und vorläufig nothdürftig beigelegt wurde, ist nicht bekannt. Unzweifelhaft aber ist, dass Herzog Albrecht von Mengen wieder in's Elsass zog und am Ende des November oder Anfang des Dezember 1292 zu Hagenau (nach Ottokar zu Oppenheim) dem neuen Könige die auf der Habsburgischen Feste Kiburg bewahrt gewesenen Reichs-Insignien auslieferte und als Vasall den Lehenseid leistete. Der Herzog soll dies in der Hoffnung gethan haben, es werde dadurch zwischen ihm und dem Könige eine unverbrüchliche, feste Eintracht geschaffen werden. So betheuerte sich derselbe wenigstens später gegenüber von dem Pabste; wir möchten indess hierauf keinen Werth legen. Ein sprechendes Zeugniss von Selbstverleugnung ist es aber, dass Albrecht mit dem Könige von Hagenau nach Basel fuhr, wo dieser Weihnachten feierte.

Während dieses längeren Beisammenseins der beiden Herren könnte es geschehen sein, dass, wenn man einem Elsässer Chronikschreiber des 14. Jahrhunderts glauben darf, von dem Könige der Versuch gemacht worden sei, eine Heirath zwischen seinem Hause und dem des Herzogs einzuleiten, was übrigens der dem König Wenzel gegebenen Zusage zuwider gewesen wäre (s. unten). König Adolf soll nämlich die Verlobung eines seiner Söhne mit einer der Töchter des Herzogs vorgeschlagen, dieser aber darauf erwiedert haben: er sei' dem nicht entgegen, wofern der König seinem Sohn ein Fürstenthum geben könne; auch sei' er nicht gegen eine Verlobung einer Tochter Adolfs mit einem seiner Söhne, wenn der König solchen zum Fürsten machen wolle. Das erste Verlangen des Herzogs klingt wie ein Hohn, das zweite aber würde eine Machterweiterung des herzoglichen Hauses bezweckt haben, also das Gegentheil von dem, was Adolf wünschen musste. Ueberhaupt hätte eine solche Abweisung des königlichen Vorschlags statt zur Versöhnung nur noch zu grösserer Feindschaft zwischen den beiden Fürsten geführt, eine Wirkung, die der Berichterstatter dem misslungenen Vorschlag des Königs auch beilegt. Jedenfalls muss das Verhältniss zwischen dem König und dem Herzog schon durch die Belehnungsangelegenheit bereits um diese Zeit ein sehr gespanntes gewesen sein, wenn gleich Ottokar erzählt, Albrecht sei freundlich von dem König geschieden. Anderen

Nachrichten zu Folge soll der stolze Herzog nach der Belehnung
traurig von dannen gezogen sein. Wir möchten lieber sagen: ernst
und nachdenkend über seine Lage und Zukunft, nicht aber muthlos
und resignirt. Im Gegentheil lässt sich eine Reihe von Schritten
und Massnahmen auffinden, durch welche der Herzog seine Stellung
zu befestigen und seinen noch nicht aufgegebenen Plan auf die
deutsche Krone zu erreichen suchte. Es gehören hieher die wiederholten Bemühungen desselben, seinen Schwager Wenzel für sich zu
gewinnen, mit Niederbaiern und Salzburg den Frieden herzustellen,
was ihm auch schon 1293. wenigstens auf einige Zeit gelungen ist; ferner
dessen Bestreben, andere Fürstenhäuser wie Brandenburg (März 1295)
und Ungarn (Anfangs 1296) durch ehliche Verbindungen mit seiner
Familie in sein Interesse zu ziehen. Insbesondere ist hier zu erwähnen, dass er gleichfalls im März 1295 derartige Verhandlungen mit K. Philipp von Frankreich angeknüpft hat, somit zu einer
Zeit, als der römische König letzterem bereits den Krieg erklärt
hatte. Endlich sind hieher zu rechnen die Bemühungen des Herzogs,
theils durch Strenge theils durch Güte sich des Gehorsams und
der Hilfe des östreichischen Adels zu versichern, nachdem gegen
das Ende des Jahres 1295 ein grosser Theil desselben in der
Hoffnung auf Hilfe von Böhmen und dem römischen König sich
gegen ihn erhoben hatte. So war schon im Sommer 1296 das
Verhältniss zwischen K. Adolf und dem Herzog ein so offenkundig
feindseliges geworden, dass letzterer am 25. Juli 1296 einem der
vormaligen Hauptanstifter des östreichischen Aufstandes, welchen
er wieder zu Gnaden angenommen hatte, das eidliche Versprechen
abnahm, ihm gegen den König von Rom Hilfe zu leisten.
(S. über das Vorstehende mehr im fünften und sechsten Abschnitt).

Gleich feindselig war um die angegebene Zeit die Stellung der
Söhne des † Herzogs Mainhard von Kärnthen, der Genossen Albrechts,
dem Könige gegenüber, wenn dieser dazumal sagen konnte, sie seien
gegen die römische Kirche (soll wohl heissen das Erzbisthum
Salzburg) und das Reich aufständisch gewesen. Kein Wunder:
König Adolf hatte Mainhard nicht als legitimen Besitzer des
Reichslandes Kärnthen anerkannt und ihm, wie es scheint, die
Belehnung verweigert, daher sich derselbe (nach den königl. Worten)
eigenmächtig »einen Herzog von Kärnthen nannte.«

# Fünfter Abschnitt.

## Die Krönung (Weihe) des zum römischen König erwählten Grafen Adolf von Nassau. Die Versprechungen, welche dieser vor und nach derselben den Kurfürsten weiter gemacht; wie er die vor seiner Wahl gegebenen erneuert und in wie weit er solche gehalten.

Wir haben in dem Vorstehenden unsern Lesern den Grafen Adolf von Nassau als den zum römischen König Erwählten vorgeführt, würden jedoch die Aufgabe, welche wir uns gestellt — ein möglichst getreues Bild von dieser interessanten aber schmachvollen Episode der deutschen Geschichte zu entwerfen — nur für unvollständig gelöst halten, wenn wir mit der erfolgten Wahl schliessen wollten. Zwar trägt das, was wir noch anfügen werden, meist nur zu weiterer Verdüsterung unseres Bildes bei. Das soll uns aber nicht abhalten. Der Eindruck wird um so grösser und nachhaltiger sein.

Adolf von Nassau schrieb sich schon vor seiner Krönung römischer König nicht, wie seine Vorgänger meist gethan, blos Erwählter hiezu, *) verfügte auch alsbald nach seiner Wahl, noch in Frankfurt über Land und Leute des Reichs. Indess gab ihm hiezu mitunter Anlass die bei der Wahl des Rudolf von Habsburg aufgekommene Praxis der eigennützigen Kurfürsten, sich von dem gewählten Könige die Kosten ihrer Reise nach

---

\*) Nur gegenüber von dem Erzbischof von Köln, gegen den er so erniedrigende Zugeständnisse eingegangen, scheint ihn eine bescheidene Zurückhaltung angewandelt zu haben, wenn er in einer am 29. Mai 1292 demselben ausgestellten Urkunde sich blos den zum römischen König Erwählten nennt.

Frankfurt und in die Heimat, sowie während ihres Aufenthalts in der Wahlstadt, wenn nöthig mit Reichsgütern, ersetzen zu lassen. So wurde die Entschädigung des Pfalzgrafen Ludwig bei Rhein für dessen Kosten bei der Wahl (3000 Mark Silber) mit Zustimmung der übrigen Kurfürsten von Adolf in der Weise geleistet oder gesichert, dass er dem Herzog Otto von Braunschweig und Lüneburg, welchem der Pfalzgraf jene Summe schuldig geworden war, eine der Reichsstädte Lübeck oder Goslar verpfändete.

Dem Erzbischof von Trier und dessen Räthen, welch' letztere ihre Auslagen bei der Wahl zu 2000 M. S. angeschlagen hatten, versprach er mit einem körperlichen Eide die Vergütung ihres Aufwandes bis nächsten 8. September oder Weihnachten, verpfändete mit Einwilligung seines Verwandten, des Freien Robin von Kobern, dafür dessen Burg K. an der Mosel, und stellte überdies noch mehrere Bürgen. Die Kurfürsten von Mainz und Köln vergassen gleichfalls nicht ihre diesfallsigen hohen Anrechnungen zu machen, wie wir unten sehen werden.

Auch gegenüber von K. Wenzel von Böhmen übte Adolf schon wenige Tage nach seiner Wahl die Rechte der Krone, welche er gleichwohl noch nicht empfangen hatte, und verfügte zu weiterer Ausführung der von ihm mit dem Hause Böhmen früher eingeleiteten Heirathsabrede ohne Bedenken über Reichsland. Am 10. Mai lieh er nämlich dem König Wenzel, welchen er, wohl nicht ohne ein gewisses Selbstgefühl, seinen Fürsten und Schenken nennt, alle Lehen, welche derselbe bis dahin von dem römischen Reich getragen in der Weise, dass sein Verwandter, der obgenannte Robin von Kobern, Wenzels Stelle vertrat. Es geschah dies angeblich, um diesem »die Kosten und Mühe der Reise,« in Wahrheit aber wohl um dem mächtigen stolzen Fürsten die Demüthigung zu ersparen, vor dem, der noch vor Kurzem ein minder mächtiger Graf gewesen, als Vasall ein Knie beugen zu müssen. Doch liess er durch den Ueberbringer der Belehnungsurkunde, den genannten Freien, Wenzel zu wissen thun, er möge, wenn später Zeit und Gelegenheit für ihn günstig seien, sich zur persönlichen Belehnung bei ihm einfinden.

Den Tag darauf kam auch die schon früher zur Sprache gekommene Heiraths-Abrede zwischen Adolfs Sohn Rupert und der böhmischen Königstochter Agnes zu weiterer Verhandlung, und zwar verpfändete K. Adolf dem Wenzel für die 10,000 Mark, welche dieser als Brautschatz seiner Tochter zu geben und schon am nächsten 15. Aug. und 6. Jan. zu bezahlen versprochen hatte, das dem Reich gehörige Pleissner Land, nämlich Burg und Stadt Altenburg, Chemnitz, Zwickau u. s. w., namentlich auch Burg und Stadt Eger nebst Zugehör. Dabei wurde noch bestimmt, dass die Ansprüche, welche Wenzel bereits auf letztgenannte Stadt hatte, (s. oben) nicht dadurch beeinträchtigt werden sollten, ferner dass die Verpfändung mit der vollzogenen Vermählung ausser Kraft trete. Erst einige Tage nach seiner Krönung dagegen gab K. Adolf den böhmischen Machtboten zu Aachen das Versprechen, Wenzels Tochter nach der Vermählung 10,000 Mark Silber zum Wittum geben zu wollen, wofür derselben die Stadt Wiesbaden, Burg und Stadt Idstein und die Feste Sonnenberg mit allem Zugehör verpfändet werden sollten. Diese Zusagen liess der König durch den Landgrafen Heinrich von Hessen, seinen Schwager Johann von Limburg, Ludwig, den Vicedom des Rheingau's, und den Burggrafen Theodorich von Starkenberg in seinem Namen beschwören.

Gegen das Ende des Juni (am 24. dieses), also erst etwa sieben Wochen nach der Wahl, erfolgte Adolfs Krönung zu Aachen, wie herkömmlich durch den Erzbischof von Köln. Diese Verzögerung kann nicht blos darin ihren Grund haben, dass letzterer (Sifrid) laut Punkt 13. der von ihm mit Adolf abgeschlossenen Wahl-Capitulation seine Bereitwilligkeit zur Krönung an die Gewährleistung der ihm von demselben früher zugestandenen Forderungen geknüpft hat, sondern es müssen sich, da Sifrid schon am 29. Mai vorläufig zufrieden gestellt wurde und den 24. Juni zur Krönung ansetzte, noch andere Anstände erhoben haben. Man hat hier zunächst daran zu denken, Herzog Albrecht von Oestreich werde Schwierigkeiten gemacht haben, die Reichs-Insignien auszuliefern (s. oben S. 65) und es seien desshalb Unterhandlungen mit demselben angeknüpft worden, die aber in keinem Fall damals den erwünschten Erfolg hatten. Die Krönung (beziehungsweise Weihe und Salbung) gieng an gedachtem Tage gleichwohl ohne die Reichs-Insignien vor sich [*)] und war wenigstens in soweit glänzend, als sie durch die Anwesenheit der drei geistlichen Kurfürsten, des Markgrafen Otto von Brandenburg, mehrerer Bischöfe, sowie einer grossen Anzahl von Grafen und Freiherren der Rheinlande verherrlicht wurde.

---

[*)] Das Schwert Karls des Grossen und der Krönungs-Ornat, was zu Aachen verwahrt wurde, war wenigstens zur Hand.

Nachdem nun Adolf durch die empfangene Weihe gesetzlich in den Besitz der Reichsgewalt gekommen war, beeilten sich die Kurfürsten, vorab die geistlichen, sich den zuvor ausbedungenen Preis für ihre Stimmen in aller Form auch von dem nunmehrigen römischen König verbriefen zu lassen.

Schon in der Zeit zwischen der Wahl und Krönung hatte sich, wie wir bereits angedeutet, der Erzbischof Sifrid von Köln nach Punkt 13 seiner Wahl-Capitulation von dem zum König »Erwählten« die ihm vorläufig hinreichend erschienene Sicherheit für dessen Zusagen vom 26. April geben lassen. Adolf versprach nämlich am 29. Mai zu Boppard dem Erzbischof mit einem körperlichen Eide und unter Hinweisung auf die früher angesetzten Strafen, die demselben in Andernach ertheilten Zusagen und Zugeständnisse (s. oben) alsobald nach seiner Krönung erfüllen zu wollen; wenn solches aber acht Tagen darnach nicht geschehen sein sollte, sich mit den edeln Herren Johann von Limburg, Gotfried von Merenberg, dem Vizdom Ludwig und Johann von Rheinberg in eine der bischöflichen Städte Neuss oder Bonn einlagern und nicht eher von da abziehen zu wollen, bis er allem und jedem, was zwischen ihm und dem Erzbischof früher vereinbart worden war, pünktlich nachgekommen sein würde. Auch wolle er letzteren um keine weiteren Termine bezüglich der Erfüllung seiner Zusagen angehen; sollte ihm der Erzbischof solche bewilligen, so sei es rein dessen guter Wille.

Vergegenwärtigt man sich die dem Kirchenfürsten von Adolf gegebenen vielen und weittragenden Zusagen (s. oben S. 25 ff.), so weiss man nicht, soll man sich mehr über des Königs Leichtfertigkeit, körperliche Eide zu schwören, oder über den Köhlerglauben des Erzbischofs wundern, es werde dem König die Ausführung des Vereinbarten so leicht und in so kurzer Zeit möglich sein. Die acht Tage nach der Krönung verflossen auch natürlich, ohne dass der König seinem eidlich gegebenen Wort hatte nachkommen können. Sifrid hielt es aber doch für gerathen, dem h. römischen Reich die Schmach zu ersparen, dessen König, den Gesalbten des Herrn, schon wenige Tage nach der Krönung in eine Art Schuldhaft wandern sehen zu müssen. Er bewilligte weitere Fristen und der König trat keine Schuldhaft an. Zwar trifft man diesen vom 5. Juli bis 7. Aug. zu Bonn, aber nicht als einen Internirten, sondern mit Reichsangelegenheiten beschäftigt und umgeben von deutschen Fürsten und Herren.

Als dem K. Wenzel von Böhmen und den Erzbischöfen von Mainz und Trier die früher ertheilten Zusagen bereits mit Siegel, Eid und königlichem Wort verbrieft worden waren (s. unten), erhielt Sifrid von Köln am 13. Sept. 1292 abermals nichts weiter, als die Erneuerung der ihm längst gegebenen Versprechungen und dazu noch mit bedeutenden Abschwächungen, *) nun aber durch Anhängung des königl. Majestätssiegels bekräftigt. **)

Sehen wir nun, wie mangelhaft der König mit diesen wiederholten eidlichen Zusagen und durch Verfügungen, welche er kurz zuvor und nachher getroffen, seinen Versprechungen vom 26. April (s. oben S. 25 ff.) nachgekommen ist. ***)

ad 1. Die Burgen und festen Plätze Kaiserswerth, Kochem, Sinzig, Duisburg und Dortmund (Rheineck wird nicht mehr genannt) weist der König in seiner Verschreibung vom 13. Sept. dem Erzbischof blos als Pfandbesitzung auf so lange zu, bis dieser von deren Einkünften die Summe von 25,000 M. S. bezogen, welche er »im (?) Interesse und zu (?) Ehren des Reichs« bei der Wahl und Krönung aufgewendet hatte. In Betreff der Burgen Kochem und Kaiserswerth stellte sich laut Urkunde vom 13. Sept. die weitere Schwierigkeit heraus, dass erstere von Gr. Eberhard von Katzenelnbogen verpfändet worden, letztere aber im Pfandbesitz des Grafen Johann von Sponheim war. Noch ist hier zu bemerken, dass der König wenige Tage später die Reichseinkünfte von Sinzig, Duisburg und Dortmund dem Herzog von Brabant verpfändete. Laut Urkunde vom 4. und 25. Okt. hätte denn doch später der König die Reichsrechte und Einkünfte der genannten drei Städte dem Erzstift Köln verpfändet. — Waren solche inzwischen von dem Herzog wieder eingelöst worden oder wurde derselbe dadurch entschädigt, dass ihn der König am 18. Nov. zum Obervogt, Rektor und Richter zu Wasser und zu Land von der Mosel bis zum Meer ernannte? Wohl das Wahrscheinlichste. Sinzig erhielt später (1295) Gerhart von Jülich als Pfand. Kaiserswerth endlich musste Sifrid später mit 6000 M. S. von dem Grafen von Sponheim einlösen.

---

*) Ennen a. a. O. sagt S. 40 ungenau: „mit geringen Modifikationen."

**) Die am 29. Mai ausgestellte Urkunde des Königs hat noch das gräflich-Nassauische Siegel.

***) Der bequemen Vergleichung wegen nehmen wir Punkt für Punkt unserer Darstellung von Seite 25 ff.

ad 2. Die Zusage gegenüber von dem Grafen von Berg hielt der König unverändert aufrecht. In den Besitz und Genuss der Vogtei von Essen jedoch will er den Erzbischof nur in so weit einsetzen, als es unbeschadet der Rechte eines dritten geschehen kann. Doch macht er laut Schreiben vom 5. Okt. dem Probst, Dekan und Kapitel zu Essen sowie allen Dienstmannen, Bürgern und Unterthanen dieses Klosters die Mittheilung, dass er den Erzbischof Sifrid von Köln und dessen Kirche in den Besitz der Vogtei und des Gerichts zu Essen wieder eingesetzt habe, und gebietet denselben diesfallsigen Gehorsam. In Betreff der Burg Zeltingen verspricht nun der König, durch Briefe und Boten den Grafen von Veldenz auffordern lassen zu wollen, solche dem Erzbischof wieder zuzustellen, und will diesem in Verfolgung seines Rechts darauf gerne beistehen.

ad 3. Den Erzbischof werde er bei Geltendmachung seines Rechts auf die Burgen Wassenberg und Liedberg gegen den Herzog von Brabant und Genossen unterstützen. Im Wiederaufbau der Burgen Worringen etc. will der König den Erzbischof nun mit gesetzlicher (»legati«) Macht (früher hiess es königlicher M.) schützen.

ad 4. In Betreff der Schirmvogtei über das Kl. Corvei verspricht K. Adolf blos die Briefe zu bestätigen und zu erneuern, durch welche sein Vorgänger am Reich dieselbe dem Erzstift Köln überlassen hat. Die früher übernommene Verbindlichkeit in Bezug auf die Burgen fehlt.

ad 5. Dieser Punkt erlitt durch die Urkunde vom 17. Sept. keine Abänderung.

ad 6. Die am 26. April zugesagte Verpfändung der Grafschaft fehlt, da der König in seiner neuen Verschreibung vom 13. Sept. dem Erzbischof für die im Dienste des Reichs aufgewendeten Kosten (25,000 M. S.) nun die Burgen Kaiserswerth etc. (s. oben ad 1) verpfändet.

ad 7. Dieser Punkt fiel natürlich am 13. Sept. weg.

8. Unverändert.

9. dagegen erlitt eine wesentliche Abschwächung. Der König macht sich am 13. Sept. nur verbindlich, dem Erzbischof zu der von den Kölnern geforderten Geldbusse und überhaupt zu seinem Recht gegenüber von diesen zu verhelfen. In Betreff der von der Stadt Köln zu leistenden Huldigung soll es, wenn kein Vergleich

zwischen derselben und dem Erzbischof zu Stande gekommen, gehalten werden, wie Rechtens ist. König Adolf handelte aber seiner Zusage vom 26. April und den Bestrebungen des Erzbischofs, die Stadt seiner Botmässigkeit zu unterwerfen, dadurch schnurstraks entgegen, dass er derselben nicht nur das Privilegium des Königs Rudolf vom 1. März 1274 bestätigte, durch welches Köln reichsunmittelbar geworden war, sondern allen denjenigen, welche sich gegen die Stadt zu beschweren hätten, befahl, sich jeder Selbsthilfe oder Gewaltthätigkeit zu enthalten und ihr Recht vor dem königl. Gericht zu suchen. Ueberdies empfahl er die Stadt in einer Fehde-Angelegenheit dem Schutze des Herzogs von Brabant. Auch ist es bedeutsam, dass Adolf vom Ende des August bis zur Mitte des Oktober 1292 zu Köln Hof hielt, während damals Bonn die Residenz der Erzbischöfe war. Noch im Jahr 1296 war der Erzbischof in Betreff Kölns so wenig zufrieden gestellt, dass er von dem König verlangte, über die Stadt die Reichsacht auszusprechen.

ad 10. Seinem früheren Versprechen, den Herzog Johann von Lothringen, Brabant und Limburg, die Grafen von der Mark und von Berg nicht in seinen Rath oder Hofdienst aufnehmen zu wollen, fügt nun der König die Klausel an, so lange diese Herren, ohne ein Recht dazu zu haben, Feinde des Erzstifts seien. Der König hatte auch schon am 1. Sept. nicht nur dem genannten Herzog alle Lehen, Rechte und Freiheiten, welche demselben und dessen Vorfahren von den früheren Kaisern und römischen Königen verliehen worden waren, bestätigt, sondern solchen in seinen Schirm und die Zahl seiner besonderen Freunde (!) aufgenommen. Kein Wunder, denn Herzog Johann hatte dem römischen König zur Auslösung versetzter Reichsgüter 16,000 M. S. geliehen, für welche dieser ihm den Zoll zu Kaiserswerth, die Reichseinkünfte zu Aachen, Sinzig, Dortmund, Duisburg u. a. verpfändete. Vergleiche damit oben S. 25. Pkt. 1. Auch die Grafen von der Mark und Berg sieht man gerade um diese Zeit häufig in der Umgebung Adolfs.

Mit einem leiblichen Eide gelobte der König die vorstehenden, gegen früher (26. April, s. oben S. 25.) bedeutend ermässigten Versprechungen bis zum 15. Februar 1293 zu erfüllen, würde es aber bis dahin immer noch nicht geschehen sein, so sollte dessen Sohn Rupert mit zehn ehrbaren Rittern sich in die Stadt Andernach einlagern und dort verbleiben, bis die gegebenen Zusagen erfüllt sein würden, und nur des Königs Tod dessen Sohn frei machen können.

Aber auch dieser Termin verstrich, ohne dass der Erzbischof nach den Versprechungen von dem 13. Sept. 1292 befriedigt worden war, denn am 28. Mai 1293 kam zwischen demselben und dem König ein neuer Vertrag zu Stande, durch welchen die Forderungen Sifrids auf ein eher erfüllbares Mass zurück geführt wurden und insbesondere auch der für den König schmachvolle Pkt. 14. der Wahl-Capitulation (s. oben) wegfiel.

Theilweise als Ersatz für die Ausgaben, die er im Interesse des Königs und Reiches bei Gelegenheit der Wahl in Frankfurt und der Krönung in Aachen gehabt, theilweise zur Linderung der grossen Noth des Erzstiftes und zum Ersatz für die schweren Verluste desselben erhielt der Erzbischof die Summe von 37,500 Mark zugesichert. Für Aufbringung dieser Summe wurde ihm das Reichsschloss Kaiserswerth mit der Stadt, dem Zolle, der Gerichtsbarkeit und allen anderen Rechten und Nutzungen, sowie der neue Zoll bei der Stadt Bonn unter dem Titel eines Pfandes oder einer Hypothek auf fünfzehn Jahre überwiesen, so dass nach Ablauf dieses Termins Kaiserswerth dem König wieder zufallen und der Bonner Zoll gänzlich abgethan werden sollte. Von der genannten Summe musste Sifrid aber 6000 Mark zur Einlösung von Kaiserswerth dem Grafen von Sponheim bezahlen, mit weiteren 2000 Mark die Feste Kochem von dem Grafen von Katzenelnbogen einlösen und sodann dem König ausliefern. Auf den Zoll zu Rheinberg hatte er aber von Stund an zu verzichten. Die zu der Stadt Dortmund gehörigen Höfe Westhofen, Brakel und Elmenhorst sollten ihm nur dann zugesprochen werden, wenn er sein gutes Recht auf deren Besitz nachzuweisen im Stande sei. Einen Tag nach dem Abschluss dieses Vertrags übernahm der König noch die abermalige eidliche Verbindlichkeit, den Grafen Heinrich von Nassau bezüglich seiner Ansprüche, die er seit der Schlacht bei Worringen gegen den Erzbischof stets vergeblich geltend gemacht hatte, zufrieden zu stellen. Im Uebrigen musste sich Sifrid mit dem leeren Versprechen begnügen, dass der König das hart bedrängte Erzstift unter seinen königlichen Schirm nehmen und dem Erzbischof gegen alle seine Feinde kräftigen Schutz mit Rath und That gewähren werde. In bester Form musste nun aber Sifrid auf alle weiteren Ansprüche verzichten, alle gegen den König gerichteten Schritte einstellen, sämmtliche frühere Zusicherungen und Verbriefungen für ungültig erklären, den König jedes unter Eidschwur gegebenen Wortes entbinden und alle Briefe und Verträge, durch welche der König sein Wort verpfändet hatte, entweder an diesen selbst oder an den von demselben bevollmächtigten Boten ausliefern. So hatte sich der römische König zugleich seiner schmählichsten Zugeständnisse vom 26. April 1292 (s. oben S. 28. Pkt. 14.) gegenüber von dem Kölner Erzbischof entledigt. Auch scheint er die nun so bedeutend ermässigten Zusagen in der Hauptsache gehalten zu haben, wenigstens findet man den Erzbischof Sifrid in gutem Einvernehmen mit dem Könige selbst noch in der Zeit, als Gerhard von Mainz dessen Sturz bereits beschlossen hatte. Zwar trat Sifrids Nachfolger Wicbold von Holtze, der als Kölner Domprobst gleichfalls gut mit Adolf gestanden auch unter dessen Theilnahme im Mai 1297 zum Erzbischof erwählt worden war, auf die Seite von Mainz, nur aber um von dem neuerkornen König Albrecht eine weitere Ausdehnung der Adolfinischen Zusagen zu erwirken. *) Wie denn überhaupt selbst der mächtige Albrecht, um die Krone zu erlangen, sich zu grossen Concessionen gegen die Kurfürsten, insbesondero den Mainzer herbei lassen musste und gleichfalls unter der schmählichen Bürgschaft einer persönlichen Einlagerung in Frankfurt, und mit Hingabe von Reichsgut, was alles K. Adolf so übel vermerkt worden.

Wir gehen nun zu den Zusagen über, welche K. Adolf nach seiner Krönung dem. König W e n z e l von Böhmen und den Erzbischöfen von M a i n z und T r i e r ertheilt, beziehungsweise erneuert hat, denn sicherlich waren dieselben, wie wir oben nachgewiesen, in der Hauptsache schon vor der Wahl gemacht worden. In wie weit der römische König gegen die genannten drei Kurfürsten sein Wort gehalten, ist in Betreff mancher Punkte nicht bekannt. Es sind darum die vorausgeschickten Verhandlungen desselben mit dem Erzbischof von Köln um so interessanter, als von ihnen aus wohl mit Recht geschlossen werden kann, dass Adolf auch die — Böhmen, Mainz und Trier gegebenen Versprechungen theilweise nur sehr mangelhaft gehalten haben wird. Gerade dadurch aber machte sich der römische König vornämlich den Erzbischof Gerhard von Mainz und in zwei-

---

*) Die Ueberlassung der Reichsburg und Stadt Kaiserswerth sammt Zoll etc., der Stadt Sinzig u. s. auf L e b e n s l a n g.

ter Linie Wenzel von Böhmen zu seinen Feinden und legte so selbst den Grund zu seinem Sturz.

Letzterem verbriefte K. Adolf in den Tagen seiner Krönung durch eine mit dem Majestäts-Siegel versehene Urkunde, welche uns das Reichsarchiv zu München aufbewahrt hat, folgende höchst wichtige, aber wiederum sehr schwer zu haltende Zusagen, durch deren vorläufige Ertheilung er sich die Stimmen des Böhmenkönigs und dessen Wahlgenossen erworben hatte (s. oben).

Er wolle, versprach Adolf, getreulich versuchen, zwischen dem 30. Juni 1292, dem Datum der Urkunde, und dem nächsten Erscheinungs-Feste einen gütlichen Vergleich zu Stande zu bringen zwischen dem König Wenzel einer- und den Herzogen Albrecht von Oestreich und Mainhard von Kärnthen andererseits in Betreff der Herzogthümer Oestreich, Steiermark und Kärnthen. Sollte ihm aber solches innerhalb der angegebenen Frist nicht gelungen sein, so werde er in Jahresfrist dem Könige von Böhmen gegenüber von den genannten Herzogen als ein günstiger Richter Recht verschaffen nach Massgabe der Beweise, welche Wenzel durch Urkunden und andere glaubwürdige Schriften sowie durch Zeugen beigebracht haben würde. In der Zwischenzeit wolle er mit den genannten Herzogen keine verwandtschaftlichen Bande eingehen noch sonst eine besondere Freundschaft schliessen ohne vorgängige Zustimmung des Königs von Böhmen. Auch versprach er, diesem gegenüber von dem Herzog Albert von Sachsen Recht zu verschaffen in jeder Streitsache, welche Wenzel gegen jenen vorzubringen für gut gefunden haben würde, und zwar innerhalb Jahresfrist nach vorgebrachter Beschwerde.

Endlich gab er Wenzel die Zusage, keinen mit der Markgrafschaft Meissen belehnen zu wollen, er habe denn zuvor ihn (Wenzel) zum Nachweis seines Rechts auf dieselbe aufgefordert und zugelassen. Die vorstehenden Zusagen liess K. Adolf in seinem Namen mit einem körperlichen Eide beschwören durch den Landgrafen Heinrich von Hessen, seinen Schwager Johann von Limburg, Ludwig den Vizdom des Rheingau's und den Burggrafen Theodorich von Starkenberg.

Wie wir bereits wissen, hat K. Adolf die dem Böhmenkönig gegebene Zusage in Betreff der Herzogthümer Oestreich und Steiermark in so weit wenigstens von Vorneherein sehr mangelhaft gehalten, als er noch vor Ablauf des Jahres 1292 den Herzog

Albrecht mit denselben belehnt hat (s. oben S. 82). Ob mit Vorbehalten und mit welchen, weiss man nicht. Doch hat Allem nach der römische König später, nachdem die Aussöhnung zwischen dem Herzog und seinem Schwager Wenzel im Jahr 1293 von kurzer Dauer gewesen war, das dem Letzteren gegebene Wort in Beziehung auf Oestreich auf anderem, aber nichts weniger als ehrenvollem Wege zu lösen gesucht, indem er in Gemeinschaft mit Wenzel darauf ausgegangen, die Stellung des Herzogs zu untergraben und sich hiezu der langjährigen Unzufriedenheit des östreichischen Adels mit seinem Herzog bedient hat (s. das Nähere im sechsten Abschnitt). Denn wenn nach der Schilderung des Ottokar von Horneck ein Theil des östreichischen Adels zur Zeit des Aufstands (am Schluss des Jahres 1295) die »Hochvart der Pehaim« fürchtete und lieber »in der Swaben Gepot bleiben als chainem (einem) Pehaimsch Mann vndertan sein« d. h. das stolze böhmische Regiment fürchtete, und lieber unter der Regierung des Herzogs stehen wollte, so ist damit klar angedeutet, dass bei dem von dem römischen König und Wenzel geförderten Aufstande des östreichischen Adels gegen seinen Herzog ein Theil desselben besorgte, die Erhebung könnte von anderer Seite (der des römischen Königs und Wenzels) dazu benützt werden, das Herzogthum wieder an Böhmen zu bringen.

Nachdem aber die Erhebung des östreichischen Adels gegen seinen Herzog das Resultat, Oestreich in die Hände Wenzels zu spielen, nicht gehabt hatte, ist auch kein weiterer Versuch des römischen Königs bekannt, das Herzogthum Wenzel zuzuwenden. Dagegen benützte K. Adolf die noch andauernden heftigen Zerwürfnisse zwischen Albrecht und dem Erzbischof Konrad von Salzburg dazu, jenen mit bewaffneter Einschreitung zu bedrohen.

Der mit Wenzel verabredete aber misslungene Plan des römischen Königs auf Oestreich störte indess das gute Einvernehmen der beiden Fürsten vorläufig nicht, denn sie kamen im April 1296 mit einander in Grünhain (bei Lössnitz in Sachsen) zusammen und die beiden jungen Brautleute — Adolfs Sohn Rupert und Wenzels Tochter Agnes — wurden daselbst mit einander vereinigt. Letztere starb aber nach der am 9. August 1296 zu Prag wirklich vollzogenen Ehe bald. Zu diesem entgegenkommenden Schritte mag Wenzel der Umstand bewogen haben, dass er, nachdem K. Adolf Thüringen, Meissen etc. an sich gebracht, hoffen konnte, letzterer werde nun seine Zusage wenigstens in Bezug auf

Meissen lösen. Aber auch hierin täuschte er sich, denn der römische König setzte über Meissen und das Pleissner Land seinen Vetter den Grafen Heinrich von Nassau; dabei war nach der wirklich erfolgten Heirath zwischen beiden Häusern das Pfandrecht Wenzels auf letzteres Land dem abgeschlossenen Vertrag zufolge gefallen. Dass aber derselbe es nicht ausser Augen gelassen hat, genannte Reichsgebiete seiner Botmässigkeit zu unterwerfen, beweist der Umstand, dass eine der ersten Regierungshandlungen Albrechts, als er römischer König geworden, die war, seinen Schwager Wenzel zu seinem und des Reiches Hauptmann über Meissen, das Pleissnerland und die Ostmark zu bestellen.

Nachdem sich König Wenzel von Böhmen in seinen Erwartungen von dem römischen König also gründlich getäuscht gesehen, fiel es seiner klugen Gemahlin Guta gewiss nicht mehr schwer, ihn mit ihrem Bruder Albrecht nachhaltiger denn zuvor auszusöhnen. Da erscheint es nun als eine fein angelegte grossartige Demonstration gegenüber von dem römischen König, dass sich Wenzel an Pfingsten des Jahres 1297 mit allem Pomp eines mächtigen Herrschers und gänzlicher Ignorirung des Reichsoberhauptes zu Prag krönen liess. Diese hohe Festlichkeit bot auch eine ganz günstige Gelegenheit, die vornehmsten, mit K. Adolf unzufriedenen Fürsten zusammenzubringen und einander zu nähern. Es gilt dies namentlich von Erzbischof Gerhard von Mainz und Herzog Albrecht von Oestreich. Gerhard nahm nämlich die Krönung vor. Sonst waren noch von Kurfürsten anwesend: der Herzog Albrecht von Sachsen und die Markgrafen von Brandenburg, Otto mit dem Pfeil und Hermann. Nicht vergessen dürfen wir schliesslich, dass auch Bischof Heinrich von Constanz sich zur Krönungsfeierlichkeit in Prag eingefunden hatte. Es ist dies der uns wohlbekannte Heinrich von Klingenberg, auf welchen als den Vorstand der Reichskanzlei unter K. Rudolf Gerhard so tiefen Hass geworfen, der in den ersten Jahren auch in den Diensten Adolfs von Nassau gestanden hatte, als es sich aber um den Sturz des letzteren handelte, auf die Seite der heftigsten Gegner desselben trat. So hatten sich also zu Prag drei hervorragende Persönlichkeiten eingefunden, die zuvor einander Feind gewesen waren nun sich aber wenigstens in dem Vorhaben einigten, dem römischen König die Krone vom Haupte zu reissen. Im vertrauten Kreise dieser Herren wurden unter dem Vorsitze Gerhards die ersten Verabredungen zum Sturze des K. Adolf und zur Erhebung des Herzogs Albrecht von Oestreich getroffen.

Hören wir nun, wie vor Allen Erzbischof Gerhard von Mainz die Besetzung des deutschen Thrones nach dem Tode Rudolfs von Habsburg zur Erreichung seiner und seines Bisthums Interessen, sowie zu Befriedigung seiner persönlichen Wünsche ausgebeutet hat.

Erzbischof Gerhard von Mainz, welchem, wie wir oben ausgeführt haben, mindestens ein eben so grosser Antheil an der Wahl des Grafen Adolf von Nassau zum römischen König zuzuschreiben ist, als dessen Collegen auf dem Kölner Stuhl, hat seine gewichtige Stimme, gesetzlich die erste unter allen, sicherlich auch an sehr bedeutende Zusagen seines Candidaten geknüpft. Zwar besitzen wir keine Wahl-Capitulation zwischen ihm und dem Grafen von Nassau, dagegen viele einzelne Verbriefungen, welche letzterer dem Mainzer Erzbischof nach seiner Wahl über eine Reihe von Zusagen ausgestellt hat; und es ist mit Bestimmtheit anzunehmen, dass alles schon vorher abgemacht war (s. oben) und Gerhard sich die längst gegebenen Versprechungen nur noch einmal von dem Erwählten und Gekrönten hat verbriefen lassen.

Dabei gieng der Mainzer bei Aufstellung und Formulirung der Forderungen und Bedingungen, an welche er seine Stimme und Fürsprache bei andern Kurfürsten knüpfte, zum Theil von höheren Gesichtspunkten aus als der Erzbischof von Köln. Er erachtete in erster Linie den Zeitpunkt und die Gelegenheit für günstig, dem Erzstuhl Mainz die hohe, einflussreiche und dabei einträgliche Stellung im Reiche und in dessen Regierung wieder zu gewinnen, welche die Nachfolger des hl. Bonifazius von den ältesten Zeiten her eingenommen oder beansprucht hatten, die aber, als er an das Erzstift kam, meist verloren gegangen war (s. oben).

Für's Erste handelte es sich bei ihm darum, das Erzkanzleramt, welches den Mainzer Erzbischöfen zustand und denselben den grössten Einfluss auf die Reichsgeschäfte eröffnete \*) auch reiche Einkünfte brachte, zur Wahrheit und praktischen Geltung zu bringen.

---

\*) Schmeichelhaft nennt die von K. Adolf dem Mainzer Stuhl am 9. Nov. 1292 ausgestellte Urkunde denselben den **Hauptpfeiler des deutschen Reichs**. Das war er auch unter Erzbischof Heinrich für König Rudolf gewesen.

Er war bis dahin blos dem Titel nach Erzkanzler gewesen (s. oben S. 44), denn die Reichsgeschäfte waren nach dem Tode seines Vorgängers von der königlichen Kanzlei unter einem Vorstande — Heinrich von Klingenberg — geführt worden, den er unter seine entschiedensten Gegner zählte, und der also auch nicht als sein Vicekanzler und in seinem Sinne gearbeitet hatte.

Für's Zweite war Gerhard darauf bedacht, dem Mainzer Stuhl wieder den überwiegenden Einfluss zu verschaffen, welcher demselben von den ältesten Zeiten her in dem nordöstlichen Theil des deutschen Reichs zugestanden; zunächst handelte es sich bei ihm darum, die Stellung wieder zu erringen, welche sein Vorgänger in Thüringen und Meissen gehabt hatte (s. oben S. 43).

Dem Vorstehenden entsprechend verlangte der Mainzer Erzbischof von dem Grafen Adolf von Nassau in erster Linie die Zusage, er wolle, römischer König geworden, Gerhard und dessen Nachfolger in die vor allen Fürsten bevorzugte Stellung und reiche Fülle von Vorrechten, insbesondere in den Besitz und Genuss derjenigen Rechte, Ehren, Freiheiten und Einkünfte wieder einsetzen und darin schützen, welche den Erzbischöfen von Mainz als den Erzkanzlern des deutschen Reichs am Hofe des Königs und sonst von Alters her »zukommen.« Dieses Versprechen verbriefte auch wirklich Adolf nach seiner Krönung, am 5. Juli 1292, dem Erzbischof auf's Neue. Was dasselbe in sich schloss wird genauer bezeichnet durch die Bestätigung der Adolfinischen Verbriefung, welche sich Gerhard am 13. Sept. 1298 auch von Adolfs Nachfolger, K. Albrecht, auswirkte.

Der Erzbischof forderte und erlangte nämlich damit nichts Geringeres als das Ernennungsrecht des Kanzlers an dem königl. Hofe, welcher somit nur der Stellvertreter des Mainzer Erzbischofs als des Reichskanzlers, der Vicekanzler sein sollte, ferner die bei der Regierungs-Kanzlei fallenden nicht unbedeutenden Gebühren (Sporteln), endlich den zehnten Theil der Einkünfte, welche das Reichsoberhaupt von den Juden, den königl. Kammerknechten, bezog. Es ist sonach nur als eine Folgerung aus diesem von dem römischen König Adolf dem Erzbischof Gerhard zugestandenen Recht zu betrachten, wenn letzterer weiter verlangte, der König solle den vormaligen Hofkanzler unter K. Rudolf, Heinrich von Klingenberg, nicht zu seinem Rath und an seinen Hof nehmen. Indess ist leicht einzusehen, dass dieses von einem Reichsstande beanspruchte Recht, den Premier-Minister des Königs zu ernennen, nie wirkliche, praktische Anerkennung fand.

Auch zur Verwirklichung der Pläne, welche Erzbischof Gerhard auf Thüringen hatte, reichte ihm Adolf wenigstens durch Verbriefung der diesfallsigen Forderung willig die Hand. Denn unter dem 15. Juli 1292 ernannte der neue römische König in unbegrenztem Vertrauen auf die erprobte Umsicht und Geschäfts-Erfahrung des Erzbischofs Gerhard diesen zu seinem und des Reichs Vikar (Statthalter) über Thüringen. In dieser Eigenschaft hatte derselbe oder der von ihm hiezu Bevollmächtigte nicht nur als »Landfriedens-Hauptmann« Ruhe und Frieden zu wahren, sondern auch das Verwaltungswesen und die Rechtspflege, soweit solches Reichs-Sache war, zu führen und auszuüben. Alles mit der gleichen Gewalt, denselben Rechten, Ehren und Vortheilen, wie solche zuvor dem von K. Rudolf zum Statthalter und Hauptmann über Thüringen bestellten Freien Gerlach von Breuberg übertragen und verliehen worden waren. Schliesslich befahl der König allen geistlichen und weltlichen Fürsten, den Grafen, Freien, Vasallen und Städten in Thüringen, den Anordnungen und Befehlen des Erzbischofs in der Eigenschaft als dortigen Reichsvikars willige Folge zu leisten. *)

In zweiter Linie benützte Erzbischof Gerhard von Mainz die Wahl des Grafen von Nassau, um sich die Bestätigung und Sicherung einer Reihe von Privilegien zu erwirken, welche den Reichsfürsten und namentlich den geistlichen von früheren Königen und Kaisern verliehen, aber nicht immer oder nicht genügend anerkannt worden waren. Insbesondere liess sich Gerhard die vielen und grossen Vorrechte bestätigen, welche K. Friedrich II. den geistlichen Fürsten aus Dankbarkeit für die Erhebung seines Sohnes Heinrich zum römischen König am 26. April 1220 zu Frankfurt verliehen. **)

---

*) Urkunde des Königs von obigem Datum, gegeben zu Bonn; abgedruckt bei Preger a. a. O. S. 88 f.

**) Diese Kaiser-Urkunde enthält u. a. Bestimmungen in Betreff des Nachlasses eines mit Tod abgegangenen geistlichen Fürsten zu Gunsten von dessen Nachfolger, Bestätigung im Besitz der bestehenden Zölle und Münzrechte, dagegen Ungültigkeit solcher, welche zum Nachtheil der geistl. Fürsten eingeführt worden oder werden, Bestimmung gegen Entfremdung von Zinsleuten der Erzstifte durch Aufnahme in Reichsstädte oder Territorien von Laien, gegen Beeinträchtigung der Kirchen durch ihre Schirmvögte, Zusage der Unterstützung von

Ferner erlangte Gerhard von Adolf nicht nur die Verbriefung des Vorrechts, dass keine geistliche Person des ganzen Erzstifts Mainz, sie seie hoch oder nieder, gehöre der Welt- oder Klostergeistlichkeit an, vor ein weltliches Gericht geladen werden könne, sondern auch die Zusage, der König wolle sich keinerlei Eingriffe in die geistl. Gerichtsbarkeit, wie solche bisher nach Recht oder Gewohnheit geübt worden, erlauben, eine etwaige Einmischung eines weltlichen Richters dagegen nöthigenfalls mit Gewalt verhindern.

Endlich erwirkte Gerhard von Adolf die Bestätigung des von alten Zeiten herkömmlichen Rechtes der Reichsfürsten, nach welchem diesen bei einer Ladung vor das Reichsoberhaupt ein Termin von 18 Wochen gegeben werden sollte.

Ausser den vorstehenden dem Mainzer Erzbischof bewilligten Forderungen, durch welche derselbe die durch das Herkommen begründete oder in kaiserlichen Privilegien zugesagte bevorzugte Stellung seines Erzstifts, sowie seine Fürstenrechte bestätigt und praktisch anerkannt wissen wollte, knüpfte er die Zusage seiner Stimme für den Grafen von Nassau an noch viele andere und mancherlei Bedingungen und Forderungen, bei welchen er die Erhöhung der Macht und Einkünfte seines Stuhls im Auge hatte; erhielt auch unschwer die diesfallsigen Versprechungen seines Candidaten.

Manche dieser Forderungen zielten darauf ab, von dem neuen Könige zu erwirken, was dessen Vorgänger unerfüllt gelassen oder nicht zur Zufriedenheit des Erzbischofs entschieden hatte, von jenem die Aufhebung von Verfügungen zu erlangen, welche K. Rudolf im Interesse des Reichs aber zum Nachtheil des Mainzer Stuhls getroffen, dagegen sich andere, welche die Könige des Zwischenreichs zum Vortheil desselben gemacht hatten, bestätigen zu lassen.

Hieher gehören folgende Zusagen des K. Adolf: K. Rudolf hatte die Mainzer Bürger zu einer dem dortigen Erzbischof zu zahlenden Geldbusse von 6000 Mark Silber verurtheilt, dieselbe

---

Seiten der weltlichen Macht bei Excommunicationen, desgleichen wenn gegen den Willen der geistlichen Fürsten in deren Territorien Städte oder Burgen gebaut würden, Beschränkung der Amtsgewalt der kaiserlichen Beamten in den Städten der Erzstifte, in welchen selbst der Kaiser, er würde denn dort Hof halten, keine besonderen Rechte gegenüber von dem geistlichen Fürsten haben sollte.

war aber zur Zeit der Thronbesteigung Adolfs noch nicht entrichtet. Da versprach nun dieser dem Erzbischof Gerhard, die Strafe unverweilt zum Vollzug zu bringen und die Mainzer zur Bezahlung anzuhalten.

Ferner: schon unter Erzbischof Heinrich hatten erhebliche Streitigkeiten zwischen dem Mainzer Stuhl und den Herzogen von Braunschweig bestanden, welche Gerhard 1290 auf's Neue vor K. Rudolf gebracht, dieser auch wiederholt aber vergeblich sich bemüht hatte, beizulegen. Da liess sich nun Gerhard von Adolf das Versprechen geben, er wolle ihm in dem wieder aufzunehmenden Streit wirksamen Beistand leisten.

K. Rudolf hatte die Stadt Seligenstadt, welche das Erzstift Mainz seit einer langen Reihe von Jahren im Besitz gehabt, an die aber das Reich noch ältere Ansprüche besass, wieder zu demselben gezogen, sowie auch das Grafengericht über den am Mainflusse und bei Seligenstadt gelegenen Bachgau, wie schon oben S. 42 erwähnt worden. Adolf sprach nun nicht nur solches alles dem Mainzer Erzstift wieder zu, sondern gab auch die Zusage, dasselbe in diesem Besitze zu schützen.

Endlich bestätigte der neue König dem Mainzer Stuhl den Besitz der ehedem dem Reiche zugestandenen Kirche zu Ebenheim bei Strassburg, die derselbe von den Königen des Zwischenreichs, Wilhelm von Holland und Richard von Cornwallis, erhalten hatte, — eine Schenkung, welche nach den Beschlüssen der Reichstage zu Nürnberg (1274. 1281) ungesetzlich war.

Hier reihen sich am füglichsten die weiteren Versprechungen K. Adolfs an, durch welche dieser gleichfalls zu Gunsten des Mainzer Erzstifts mitunter über Besitzungen, Rechte und Einkünfte des Reichs verfügte. So versprach er, die Vogtei zu Lahnstein dem Erzbischof auf Lebenszeit, den Landzoll zu Boppard aber auf ewige Zeiten dem Erzbisthum überlassen, auch solchen mit Zustimmung der Kurfürsten nach Lahnstein verlegen zu wollen. Ferner gab K. Adolf dem Erzbischof das Versprechen, er wolle die Reichsburg Ballenhausen, welche der edle Mann Gerlach von Breuberg an Mainz verpfändet hatte, nur gegen Erlegung von tausend Mark Silber einlösen. Auch versprach der König in der Weise den Besitzstand des Erzbisthums zu erhöhen, dass er sich bereit erklärte, sechs Ortschaften desselben, welche ihm Gerhard bezeichnen würde, Stadtrechte zu verleihen. Namentlich bekannt ist in dieser Beziehung aber nur das Dorf Sobernheim, welchem K. Adolf das Stadtrecht von Frankfurt und einen Wochenmarkt verlieh, auch die Erlaubniss zur Befestigung gab.

Neben dem allem erwirkte Gerhard noch Gunstbezeugungen des Königs für Verwandte von ihm. So liess er sich von diesem die Zusage geben, er wolle Sigfrid von Eppenstein mit zwölf Huben in der Ockstader Mark belehnen, auch denselben zum Burgmann in der Wetterauischen Reichsstadt Friedberg machen. Dagegen liess er sich von dem Könige das Versprechen geben, den ihm missliebigen edlen Mann Ulrich von Hanau nicht zu seinem Rath oder an seinen Hof nehmen zu wollen, worüber man sich nicht wundern wird, wenn man sich daran erinnert, dass K. Rudolf dem genannten Herrn die dem Erzstift abgenommene Vogtei über den Bachgau übertragen hatte.

Endlich liess sich der Mainzer Erzbischof von dem Grafen Adolf von Nassau und nachmaligen römischen König das Versprechen geben, er wolle ihm nicht nur die Auslagen, welche er (Gerhard) bei der Wahl gehabt, sondern auch die grossen Summen sammt den Zinsen ersetzen, welche er (Gerhard) bei seiner ersten vergeblichen Bewerbung um den Mainzer Stuhl, sowie bei seinem späteren Antritt desselben zu Rom aufgewendet hatte, und wodurch er in eine grosse Schuldenlast gerathen war. Rechnet man noch dazu, dass der Erzbischof sich für den König in Betreff der Schulden (20,000 M. S.) verbürgte, welche dieser zur Zeit seiner Wahl in Frankfurt gemacht hatte, \*) so kann man ermessen, welch' grosser Schuldner das neugewählte Reichsoberhaupt gegenüber von dem Mainzer Erzbischof geworden. Auf welche Weise K. Adolf diesen zu befriedigen gedachte, oder solches mit diesem verabredet hat, ist nicht bekannt. Ohne Zweifel wies er den Erzbischof auch auf Reichseinkünfte an und es mag hiemit im Zusammenhang stehen, dass er demselben als einem Amtmann des Reichs insbesondere die Verwaltung der Städte Mühlhausen und Nordhausen und das Reichs-Vikariat in Thüringen mit den damit verbundenen, gewiss nicht unerheblichen Einkünften übertrug. Sicherlich hat hierauf auch die Zusage des Königs Bezug, der Erzbischof solle die Juden der Stadt Mainz,

---

\*) Zuerst hatte man versucht, genannte Summe durch eine ausserordentliche Besteuerung der Frankfurter Juden aufzubringen, war aber auf entschiedenen Widerstand des Schultheissen der Stadt gestossen.

welche das Erzstift vom Reich zu Lehen trage, so zu Dienst und Besteuerung besitzen, wie die in den andern Städten und Dörfern des Bisthums. Würde aber die Stadt Mainz den Erzbischof im Genuss der dortigen Juden hindern, so werde der König ihm gegen dieselbe beistehen.

Hören wir nun, wie König Adolf seinen Versprechungen gegen den Erzbischof von Mainz nachgekommen. Wir dürfen, wenn auch in dieser Beziehung nicht so viele spezielle urkundliche Nachweise wie bei Köln bekannt sind, wohl mit Recht annehmen, dass der König auch gegenüber von dem Mainzer seinen Zusagen sehr mangelhaft und mit wenig Nachdruck nachgekommen ist, ja wir werden sehen, dass er in sehr wichtigen Punkten denselben geradezu entgegen gehandelt hat. Zwar schienen die Beziehungen der beiden ohnedies mit einander verwandten hohen Herren sogar einen intimen, vertraulichen Charakter annehmen zu wollen, indem der König dem Erzbischof mit einem Handgelöbniss lebenslängliche Anhänglichkeit und kräftigen Beistand gegen Jedermann versprach.

Hierin Wort zu halten, gaben die seit langer Zeit andauernden Zerwürfnisse zwischen dem Erzbischof und den Bürgern von Mainz sowie der hartnäckige Widerstand, welchen die dortigen Juden, unterstützt von der Stadt, ihrer Besteuerung durch den Erzbischof entgegen setzten, dem König bald Gelegenheit. Im Juli 1293 waren die Forderungen Gerhards an die Mainzer Bürger und Juden von diesen noch nicht anerkannt, geschweige denn befriedigt. Da vereinigten sich der König und der Erzbischof über einen modus procedendi, durch welchen der Streit auch materielles Interesse für den König gewann. So mochte der Erzbischof gehofft haben, diesen zu energischem Vorgehen bestimmen zu können. Gerhard gestand nämlich dem Könige zu, er sollte von dem, was auf dem Rechts- oder Zwangswege von den Gegenparteien erlangt werden würde, die Hälfte bekommen, hingegen keinen einseitigen Vergleich mit denselben schliessen. Adolf schritt nun auch, wenigstens in so weit zu ernstlichen Massregeln gegen die Stadt Mainz, als er dieselbe in die Reichsacht erklärte, worauf (unter dem 3. Februar 1294) zwischen beiden Theilen ein Sühnevertrag verabredet wurde, nach welchem der Erzbischof sich zufrieden gestellt erklärte, wenn die Stadt ihm ein für allemal die Summe von 5000 Mark Kölnisch, die dortigen Juden dagegen jährlich 200 Mark bezahlen würden. Aber noch im Juli 1297 war der Erzbischof wenigstens in Betreff des ihm zugesicherten Antheils an dem Juden-Zehenten von Mainz (s. oben) nicht befriedigt, denn der König versprach ihm am siebten des genannten Monats für denselben und die in dem Krieg gegen Colmar und Thüringen aufgewendeten Kosten 5000 Mark, wofür er ihm bis zu deren Abtragung 500 Mark jährlich auf das Umgeld und die Juden zu Frankfurt anwies.

Auch in dem von dem Erzbischof wieder aufgenommenen Streit gegen die Herzoge von Braunschweig befriedigte denselben der ihm von dem König zugesagte Beistand, obgleich sich dieser zur Verhängung der Reichsacht über die Herzoge bereit erklärt hatte, so wenig, dass er im April 1295 seine Klage (Ansprüche) gegen dieselben zu Gewinn oder Verlust an des Königs Küchenmeister Leupold von Nordenberg abtrat, dagegen unter Adolfs Nachfolger Albrecht die Sache wieder selbst aufnahm und sich von diesem im Sept. 1298 Beistand versprechen liess. So zeigt auch der Entscheid, welchen um dieselbe Zeit König Albrecht in Betreff des Besitzrechtes der Mainzer Kirche auf Seligenstadt und den Bachgau zu Gunsten derselben that, dass dessen Vorgänger Adolf auch in dieser Beziehung seine Zusage nur sehr mangelhaft gehalten hatte. Selbst in der von Gerhard gewiss stark betonten Forderung, der König solle den Heinrich von Klingenberg von der Führung der Reichsgeschäfte entfernen, hielt Adolf schlecht Wort, denn schon am Schluss des Jahres 1292 kommt der von Klingenberg als des Königs Rath vor, wie man denselben auch bei Adolfs Krönung in dessen Gefolge trifft. Allerdings schlug der Klingenberger wieder gewaltig um, denn man sieht ihn später unter den entschiedensten Gegnern des Königs Adolf von Nassau (s. unten). Wie wenig dieser auch die dem Erzbischof von Mainz ertheilte Zusage in Betreff des Ulrich von Hanau gehalten, zeigen die Beweise von Gunst und Vertrauen, deren sich dieser zum Theil schon im Jahr 1293 von Seiten des Königs zu erfreuen gehabt.

Dass die königliche Kanzlei unter Adolf sich in Führung der Reichsgeschäfte von dem Einfluss des Erzkanzlers von Jahr zu Jahr mehr frei zu machen gesucht, das spiegelt sich ganz deutlich und bezeichnend darin ab, dass der Vorstand derselben, Meister Ebernand von Offenbach, Scholaster am Stift St. Peter und Alexander zu Aschaffenburg, sich 1293 Prothonotar schrieb, schon 1294 aber den Titel Vice-Kanzler und das Jahr darauf den eines Hof-Kanzlers (imperialis aule cancellarius) führte. Wie gering der persönliche

Einfluss Gerhards auf K. Adolf schon im Jahr 1295 war, beweist auch der Umstand, dass es den wiederholten und angestrengtesten Bemühungen desselben nicht gelungen ist, den römischen König von dem englischen Bündniss und dem beabsichtigten Zug gegen Frankreich abzubringen (s. im sechsten Abschnitt). So glaubte denn Gerhard, als es sich um die Absetzung des Königs handelte, mit Recht über denselben klagen zu können, er habe seinen heilsamsten Ermahnungen und ehrerbietigsten Bitten das Ohr hartnäckig verschlossen, auch geistliche und weltliche Fürsten ihrer Ehren und Rechte beraubt.

Dass endlich K. Adolf das dem Erzbischof in Betreff Thüringens gegebene Versprechen gebrochen, beweist die Thatsache, dass er, nachdem es ihm gelungen war, dieses Land auf dem Wege der Unterhandlung, mit Geldopfern und Waffengewalt von dem früheren Besitzer an das Reich zu bringen, den ihm ergebenen Freien, Gerlach von Breuberg zu seinem »Hauptmann« über dasselbe setzte, also noch dazu denselben alten Habsburgischen Diener, welcher eben dieses Amt schon unter K. Rudolf verwaltet hatte.

In diesen letzteren Punkten, das Erzkanzleramt und Thüringen betreffend, sah der Erzbischof sicherlich seine Rechte am stärksten verletzt und sich in seinen Erwartungen von seinem ehemaligen Schützling, dem König, am bittersten getäuscht; war er doch selbst mit diesem in die beiden Feldzüge gegen Thüringen und Meissen ausgezogen, gewiss aber nicht, um den König in seinem Plane, sich in diesen Ländern eine Hausmacht zu gründen, zu unterstützen.

Die gar mangelhafte Erfüllung der Zusagen, welche K. Adolf dem Erzbischof von Mainz ertheilt hatte, machte dieser auch zu einem der Klagepunkte über denselben, als er dessen Absetzung beantragte.

So sind wir denn bis zu dem Zeitpunkt vorgerückt, als Gerhard sich von dem König ab- und dem Herzog Albrecht von Oestreich zuwandte, im Juni 1297 zu Prag mit andern Reichsfürsten über Adolfs Absetzung und Albrechts Erhebung auf den Thron die ersten Verabredungen traf (s. oben S. 95). Zwar war der König noch nach dieser Zeit (am 7. Juli 1297), wie wir oben berichtet, bemüht, den Erzbischof in anderen Punkten zufrieden zu stellen; Ende Augusts aber ist er bereits von den hochverrätherischen Umtrieben desselben und Genossen gegen ihn vollkommen unterrichtet.

Auch gegen den Erzbischof Boëmund von Trier zeigte sich König Adolf freigebig in Zusagen. Für's Erste wiederholte er nach erhaltener Weihe das schon früher gegebene Versprechen (s. oben), —demselben und dessen Räthen die bei der Wahl gehabten Auslagen sowie die Kosten zu ersetzen, welche Boëmund auf dem Hoftag zu Köln im Betrag von 692 Mark Silber aufgewendet, und wies ihn damit auf die Steuern der Wetterauischen Reichsstädte Frankfurt, Wetzlar und Friedberg an.

Zweitens versprach er, dem Hofstift Trier sowie dessen Erzbischof wider alle Gegner beizustehen, die Kirchen und Geistlichkeit desselben zu schirmen, zu dem Ende auch über alle Augehörigen des Bisthums, welche ein Jahr lang im Kirchenbann gelegen, den Königsbann oder die Reichsacht auszusprechen. Insbesondere sagte er drittens dem Erzbischof auch in der Richtung seinen Schutz zu, dass er demselben zur Wiedergewinnung aller der Lehengüter verhelfen wolle, deren Träger es versäumen würden, innerhalb der festgesetzten Zeit sich zum Empfang derselben zu stellen. Viertens versprach der König, die Trierer Kirche um Recht und Gut, welches dieselbe 30 Jahr lang unangefochten im Besitz gehabt, nicht zu belangen oder belangen zu lassen. Endlich — fünftens — gab er für sich und seine Nassauer Sippen das Versprechen, so lange er lebe die Vogtei über Coblenz von Trier nicht einzulösen.

Die Versprechungen, welche Adolf von Nassau dem Erzbischof von Trier gemacht, sind, wie man sieht, ihrer Zahl und Tragweite nach viel weniger bedeutend, als die, welche er dessen Kollegen zu Köln und Mainz gegeben. Wir werden hieraus schliessen dürfen, dass Adolf seine Wahl nicht in dem Masse Trier zu verdanken hatte, wie Mainz und Köln. So war es ihm auch leichter, gegenüber von Boëmund sein Wort zu halten, und allem nach war er demselben auch nachgekommen. Boëmund trat dem hochverrätherischen Komplott gegen K. Adolf jedenfalls nicht bei, ja er soll nach der von uns oft erwähnten Chronik des Abts von Viktring mit einer ansehnlichen Streitmacht zu dem König auf dem Anmarsch gewesen sein, als dessen Schicksal in der Schlacht bei Göllheim bereits entschieden war. *)

---

*) Auch hierin erweist sich Ottokar von Horneck sehr schlecht unterrichtet, wenn er des Königs Bruder Diether als Erzbischof von Trier an der genannten Schlacht theilnehmen lässt (s. im 6. Absohnitt über Diether).

Hiemit schliessen wir die lange Reihe der Zusagen, welche sich die selbstsüchtigen Kurfürsten als Lohn für ihre Stimmen von König Adolf haben ertheilen lassen, und zu deren Erfüllung sich dieser meist mit einem leiblichen Eide verpflichtet hatte. Dadurch aber dass er dessen ungeachtet dem grössten Theil seiner Versprechungen nicht nach kam, schwächte er sein Ansehen als König, machte die Getäuschten zu seinen erbittertsten Feinden und trieb sie auf die Seite seines alten Gegners und Nebenbuhlers, des Herzogs Albrecht von Oestreich, der seine Plane auf die deutsche Krone nur vertagt hatte.

## Sechster Abschnitt.

**Kurzer Abriss über des Grafen und nachmaligen römischen Königs Adolf von Nassau Persönlichkeit und Regierung nach ihren Haupt-Momenten.**

Graf Adolf von Nassau, geb. um 1255, war der zweite Sohn des Grafen Walram von Nassau und dessen Gemahlin Adelheid, Schwester des oben oft genannten Grafen Eberhard von Katzenelnbogen. Graf Walrams Schwester war an einen Freien von Eppenstein, eine Schwester von Adolfs Gemahlin dagegen an einen Herrn von Westerburg vermählt, daher auch die Verwandtschaft des Grafen mit den Erzbischöfen Gerhard von Mainz und Sifrid von Köln. Endlich stand Adolf noch in verwandtschaftlichen Beziehungen zu den mächtigen Grafen von Geldern, Jülich und von der Mark sowie zu den Freien von Limburg, Isenburg, Cuyk und andern (s. sogleich unten). Ein älterer Bruder Adolfs, Diether, war in den geistlichen Stand getreten und wurde 1300 vom Pabste Bonifazius VIII. zum Erzbischof von Trier erhoben.

Der obige Graf Walram und sein Bruder Otto hatten 1255 die Grafschaft Nassau mit Ausnahme der Burg Nassau und der Besitzungen im Einrich so unter sich getheilt, dass ersterer die südlich der Lahn gelegene Hälfte mit Idstein, Weilburg, Wiesbaden nebst Zugehör u. s. w. erhielt.\*) Hieraus bestand

---

\*) Zufolge dieser Theilung zerfiel das Nassauische Grafengeschlecht in die Walram'sche und Otto'sche Linie; von ersterer geht das herzoglich Nassauische, von letzterer das königliche Haus Oranien auf dem Throne der Niederlande aus.

also auch die Grafschaft Adolfs, des nachmaligen römischen Königs. Desselben Gemahlin war Imagina, die Schwester des Freien Johann von Limburg aus dem Isenburg'schen Hause. Aus dieser Ehe giengen viele Kinder hervor; wir nennen indess von den Söhnen nur **Ruprecht** und **Gerlach**. Ersterer wurde, noch sehr jung, wenige Tage nach der Erwählung seines Vaters zum römischen Könige mit K. Wenzels von Böhmen Tochter Agnes verlobt, die schon kurz nach vollzogener Heirath starb (s. oben). Ruprecht zog 1298 mit seinem Vater in die Schlacht bei Göllheim und gerieth in Gefangenschaft. Adolfs anderen Sohn Gerlach vermählte in späterer Zeit König Albrecht mit Agnes, der Tochter des Landgrafen **Heinrich** von **Hessen**, und stattete ihn auch aus, wofür derselbe am 24. Dez. 1306 zu Wien allem Groll gegen Albrecht, den ehemaligen Todfeind seines Vaters, entsagte und lebenslängliche Anhänglichkeit versprach. Von den Töchtern erwähnen wir blos **Mechthild**, welche am 1. Sept. 1294 mit Rudolf, Herzog von Oberbaiern und Pfalzgraf bei Rhein, dem Sohne des oben oft genannten Pfalzgrafen Ludwig, vermählt wurde.

Um das Jahr 1277, in welchem Adolf, so viel bekannt, zum ersten Male als Aussteller einer Urkunde vorkommt, scheint er die halbe Grafschaft Nassau angetreten zu haben. 1281 wird er als Zeuge einer von König **Rudolf** zu Mainz ausgestellten Urkunde genannt.

Um sein bescheidenes Einkommen zu vermehren und zugleich sich, tapfer wie er war, Gelegenheit zu kriegerischer Thätigkeit und Auszeichnung zu verschaffen, trat er in besondere Lehensdienste, nicht nur bei dem römischen König, sondern auch bei dem Pfalzgrafen Ludwig bei Rhein und dem Erzbischof Sifrid von Köln, wie wir oben bereits erwähnt haben, nun aber noch weiter ausführen werden. Um das Jahr 1286 nahm ihn K. Rudolf mit mehreren Freien, worunter Gerlach von Limburg, zum Reichsburgmann auf Calsmunt bei Wetzlar gegen Verschreibung von 200 Mark Kölner Pfennig an, für welche ihm der König 20 Mark Silber jährlicher Einkünfte von der Judensteuer zu Frankfurt verpfändete. Das Jahr darauf liess sich Graf Adolf von dem Pfalzgrafen Ludwig zum Burgmann der Feste Gutenfels bei Kaub am Rhein gleichfalls gegen 200 Mark Kölner Pfennig oder 20 Mark jährlicher Einkünfte bestellen. Jedoch wurde ihm, ohne Zweifel in Anbetracht seines Grafenstandes, gestattet, die Burghut durch einen tüchtigen und dem Pfalzgrafen genehmen Ritter versehen zu lassen; nur in Kriegszeiten sollte er die Vertheidigung derselben persönlich übernehmen.

Insbesondere aber war der fehdelustige Erzbischof Sifrid von Köln darauf bedacht, zum Ausfechten seiner vielen Händel sich der Dienste des tapferen Grafen zu versichern. Es gelang ihm auch unschwer. Adolf leistete Sifrid, zu dessen Erzstift die Grafen von Nassau schon im 12. Jahrh. in Vasallen-Verhältnissen gestanden hatten, den Lehenseid und verpflichtete sich, demselben so lange er lebe aus allen Kräften gegen alle Feinde und Gegner beizustehen, jedoch nur wo es unbeschadet seiner Ehre geschehen könne und den römischen König Rudolf ausgenommen, welcher ihm um dieselbe Zeit erlaubt hatte, sein Dorf Idstein zu befestigen, auch diesem einen Wochenmarkt verlieh. Im Jahr 1287 traf es sich, dass der Erzbischof und sein Bruder Heinrich von Westerburg eine Fehde zu führen hatten gegen ihren Sippen, den Freien Sifrid von Westerburg, Gerard von Wiltnau und Genossen. Für diesen Fall wurde zwischen dem Erzbischof und dem Grafen folgender besondere Dienstvertrag abgeschlossen. Letzterer versprach die Fehde vorläufig mit eigenen Mitteln zu führen, sollte aber zu seiner Entschädigung von dem Erzbischof 100 Mark Kölner Pfennige bar und 40 Mark jährlich von dem Kölner Bierpfennig erhalten, welche indess mit 300 Mark sollten abgelöst werden können. Des Weiteren wurde zwischen dem Erzbischof und dem Grafen verabredet, dass weder der eine noch der andere mit der Gegenpartei ohne Zustimmung des andern Theils Frieden schliessen dürfe.

Näheres über den Verlauf dieser Fehde und die Leistungen des Nassauer Grafen in derselben wissen wir nicht anzugeben. Um so bekannter ist der grosse langwierige Krieg, welcher nach dem Tode des kinderlosen Herzogs Heinrich von Limburg über diesem Herzogthum ausbrach, und an welchem, wie wir oben S. 20 f. bereits erwähnt, namentlich auch der obgenannte Erzbischof von Köln Theil genommen hat. In demselben kam es am 5. Juni 1288 bei der Burg Worringen (unterhalb Köln) zu einer blutigen Schlacht, in welcher sich die Blüte des Adels vom ganzen Niederrhein, von dem Lande zwischen dem Rhein, der Maas und Schelde sowie aus Westfalen gegenüber stand. In der Schlachtordnung, in welche Sifrid und die mit ihm verbündeten Grafen ihre Scharen aufstellten, bildete das sehr starke Aufgebot des Kirchenfürsten das Centrum, die Zuzüge der Grafen die Flügel. Sifrid hatte sich in voller Rüstung auf einem gewaltigen Streitrosse selbst an die Spitze seiner Mannschaften gestellt. Bei ihm hielt der Heerwagen, welcher sein Banner führte, das er dem Schutze seiner auserlesensten Ritterschaft anvertraut hatte. Führer dieser war Graf Adolf von Nassau, der nebst seinem Vetter Heinrich mit den Vasallen und Dienstmannen der Grafschaft Nassau zu dem Heerhaufen des Erzbischofs gestossen war. *)

Wie auf beiden Seiten überhaupt mit der grössten Tapferkeit gekämpft wurde, so schirmte auch Gr. Adolf von Nassau mit seinem Haufen mannhaft das seiner Hut anvertraute Kriegs-Heiligthum. Schon war der Erzbischof, der sich selbst mit der grössten Kühnheit auf den Herzog von Brabant geworfen hatte, gefangen und noch wehte stolz des Kirchenfürsten Banner hoch vom Maste des Heerwagens. Da warfen sich die Kölner Patrizier, deren Wuth bei dem Anblick des noch aufrechten Banners ihres verhassten Bischofs frisch auflöderte, und die als ritterbürtig mit Helm und Schwert ausgezogen waren, unterstützt von einem starken Haufen Brabänter Knechte, auf die Bedeckung des erzbischöflichen Heerwagens und machten den grössten Theil derselben nieder. Graf Adolf von Nassau schlug sich aber durch, wurde jedoch nebst seinem Vetter Heinrich, dem Grafen von Geldern und vielen andern später gefangen.

Johann van Heeln, ein Edelmann und Augenzeuge der Schlacht bei Worringen, weiss zwar in seiner poetischen Darstellung derselben nichts besonderes von dem Nassauer Grafen Adolf; dabei ist aber zu beachten, dass derselbe sich vornämlich die Aufgabe gestellt hat, die Waffenthaten des Herzogs von Brabant und dessen Ritterschaft zu preisen. Der mehrerwähnte Abt des Klosters Viktring bei Klagenfurt dagegen, welcher indess ganz auf der Seite des Herzogs Albrecht von Oestreich steht, erzählt uns in seiner Chronik näheres über die Heldenthaten des Grafen Adolf von Nassau in der genannten Schlacht. Nach demselben hat dieser den Herzog von Brabant unablässig in den feindlichen Reihen aufgesucht, zwar fünf Ritter mit Abzeichen und Wappen desselben geworfen und getödtet, ohne aber den Herzog selbst getroffen zu

---

*) Noch 1294 entschädigte Adolf als römischer König den tapferen Mann Sifrid von Stein für den Schaden, welchen dieser in der Schlacht bei Worringen in seinem Dienste erlitten, mit einem Weingefäll von der Kelter zu Nassau.

haben. Hiemit stimmt Johann van Heelu wenigstens in soweit
überein, als er sagt, dass das Hauptaugenmerk des Erzbischofs und
seines nächsten Heergefolges gewesen sei, den Herzog von Brabant
zu tödten oder gefangen zu nehmen. Schliesslich aber gehen die
Quellen in Betreff des Grafen von Nassau so weit auseinander,
dass die eine berichtet, derselbe habe wegen seiner in der Schlacht
bewiesenen hohen Tapferkeit und seiner freimüthigen Rede dem
Herzog gegenüber von diesem die Freiheit und fürstliche Geschenke
erhalten, während nach einer andern der Graf ein Jahr lang in
Gefangenschaft geschmachtet und nur gegen ein schweres Lösegeld
und nach geschworener Urfehde die Freiheit erhalten habe. Letztere
Angabe ist aber in Betreff der Dauer der Gefangenschaft jedenfalls
unrichtig, denn der Graf war im Oktober des Jahres 1288 frei.

Wir fügen hier einige Notizen über Graf Adolfs von Nassau
Persönlichkeit nach ihrer äusseren und inneren Seite an.

Derselbe stand, als er 1292 den deutschen Thron bestieg, im
kräftigsten Mannesalter und hatte sich einer dauerhaften Gesundheit
zu erfreuen. Er war von mittlerer Grösse, untersetzter Statur,
ungewöhnlicher Körperstärke, *) von grosser Behändigkeit und Ge-
wandtheit. Hiemit verband er viel Energie und Entschlossenheit,
seltene Kühnheit und einen hohen Muth, welcher keine Furcht
kannte. Diese Eigenschaften und unablässige Uebung in den ritterlichen Künsten machten ihn zu einem der ersten und tapfersten
Ritter seiner Zeit; ein Ruhm, den ihm selbst seine erbittertsten Gegner
nicht streitig machen konnten. Auch Adolfs ritterliche Galanterie,
verbunden mit einem einnehmenden Wesen überhaupt, seine Ver-
ehrung der Frauen, in deren Dienst er manche Lanze gebrochen,
wird von seinen Zeitgenossen, Feind wie Freund, hochgepriesen.

Der fahrende Sänger vom Niederrhein (s. oben S. 78) besingt
den König in dem Nachruf, welchen er demselben widmet, als
tapferen Ritter und grossen Verehrer der Frauen also:

»(ei)n ritter kone [kühn], de(r) sin swert
(in) wives deinste dicke erzoich [in Weibes Dienste oft zog].«

---

*) Daher auch wohl sein ausserordentlicher Verbrauch von Speise und
Trank, von welchem ein altes Volkslied singt: „dem künig Adolf stât sîn mût
nâch einre fulle (Fülle im Essen und Trinken) als eim jungen wolfe." —
Uebrigens wird sonst seine einfache, prunklose Lebensweise gerühmt.

»(O) konc Adolf, hogeboren bluit [hochgeboren Blut]

(a)n minnen zwige schone bluit [schöne Blüte am Zweig der Minne],

(D)u rechte ritterschefte flucht [rechte Zuflucht der Ritterschaft];

(r)itters ellent [Kraft], wives zucht [feine Bildung, Anstand wie man solche (solchen) im Umgang mit den Frauen sich aneignet]

(v)an dime reime live schein [offenbarte sich an deinem reinen Leibe].«

Selbst Ottokar von Horneck, der grosse Lobredner des Herzogs von Oestreich, nennt Adolf von Nassau einen Ritter »fein und zier« (schmuck). Ja Erzbischof Gerhard von Mainz, der Hauptanstifter des hochverrätherischen Komplotts gegen den König, konnte sich — wenigstens nach einer Aufzeichnung aus der Mitte des vierzehnten Jahrhunderts, — als er mit dem Herzog von Oestreich nach der Schlacht bei Göllheim den Kampfplatz beritt, beim Anblick des königlichen Leichnams nicht enthalten tief ergriffen auszurufen: »in diesem hat das tapferste Herz zu schlagen aufgehört.«

Durch diese ritterlichen Tugenden hatte sich der Graf selbst in weiteren Kreisen einen Namen gemacht. Dabei wird von ihm auch gerühmt, er habe es besonders verstanden, ein Heer in Schlachtordnung aufzustellen. Feldherr war er darum aber nicht;*) dazu fehlte es ihm an der nöthigen Kaltblütigkeit.

Neben diesen Vorzügen als Kriegsmann zeichnete sich Graf Adolf durch eine für seine Zeit seltene Bildungsstufe aus, denn er verstand und sprach die lateinische und französische Sprache. Dies beweist, dass er eine für jene Zeit gute Schulbildung genossen und dass es mit seiner geistigen Begabung durchaus nicht so schlecht gestanden, wie der oft genannte Ottokar von Horneck angibt (s. oben). Hiemit stimmt auch die Angabe einer andern Quelle überein, welche sagt, dass Graf Adolf ein Mann von viel Verstand und selbständigem Urtheil gewesen sei. Dabei war er aber von heftigem, leicht aufbrausendem Temperament und hatte wie meist diejenigen

---

*) Wenn ihn gleichwohl sein Gegner Albrecht in seinem Brief vom 5. Juli 1298 über die Schlacht bei Göllheim an den Bischof von Passau einen vorzüglichen Heerführer nennt, so geschah das, um seinem Siege desto grösseres Gewicht beizulegen.

Personen, welche sich einer geistigen und körperlichen Ueberlegenheit bewusst sind, eine grosse Dosis Eigenwillen.

Da will es uns denn bedünken, dass sich bei dem Könige, nachdem er manche seiner Plane hatte scheitern sehen, als man ihm von verschiedenen Seiten entgegen trat und er nicht ohne Grund sich von Verrath umgeben glaubte, eine sehr reizbare und heftige Stimmung einstellte, in welcher es ihm sein heissblütiges Temperament\*) nicht selten schwer machte, die Verhältnisse ruhig und vorurtheilsfrei zu betrachten und darnach die entsprechenden Massregeln zu ergreifen. Da hörte er in allzu grossem Vertrauen auf seinen Verstand und tapfern Arm nun nicht mehr auf den Rath weiser, ihm treu ergebener Männer und gieng eigenwillig seine Bahn. Sie führte ihn schliesslich in's Verderben. Und mit Recht sagt der fahrende Sänger vom Niederrhein mit Bezug auf des Königs Oheim, den uns wohl bekannten Grafen Eberhard von Katzenelnbogen, und Adolfs Kriegsrath vor der Schlacht bei Göllheim:

»dem koninge da dei [die] crone veil [fiel],
do hei [er] van [von] sime raide scheit [von seinem Rathe schied].«

Den Charakter und inneren sittlichen Werth des Grafen und nachmaligen Königs Adolf' von Nassau anbetreffend stehen die Prädikate, welche ihm von seinen Zeitgenossen ertheilt werden, je nachdem diese zu seinen Gegnern oder Anhängern gehörten, meist als förmliche Gegensätze da oder tragen das Gepräge des leidenschaftlichsten Parteihasses an sich. So sprechen Geschichtsschreiber des Mittelalters und der Neuzeit, welche einen Parteistandpunkt einnehmen oder die massgebenden Verhältnisse nicht kennen, Adolf von Nassau auch als König jenen Adel der Gesinnung ab, welcher eine Hauptzierde des Ritters war gegenüber von dem Soldknechte, der sein Schwert jedem um's Geld lieh, gleichviel ob er für

---

\*) Dass die öffentliche Meinung seiner Zeit sich ein solches Bild von ihm gemacht hat, beweist namentlich die Sage von dem schrecklichen Strafgericht, welches er im Fall seines Sieges über die hochverrätherischen weltlichen und geistlichen Fürsten, Grafen und Herren zu halten sich vorgenommen haben soll. Den Herzog von Oestreich, die Bischöfe Konrad von Strassburg und Heinrich von Constanz (diesen uns wohl bekannten geistlichen Parteigänger) hätte er verbrennen, die andern Herzoge und Grafen enthaupten, Ritter und Edelleute aber schleifen lassen. Gotfried von Ensmingen und Closener a. a. O.

eine gute oder schlechte Sache zu kämpfen hatte.\*) Sie stellen
ihn wegen der Lehendienste, zu denen er sich als Graf gegen
den Pfalzgrafen Ludwig bei Rhein und den Erzbischof Sifrid von
Köln verpflichtet hat, in eine Reihe mit den Söldnern des Mittelalters, indess mit Unrecht und Verkennung der Zeitverhältnisse.
Hat sich doch Graf Adolf gegen den Erzbischof von Köln nur
verpflichtet, sein Schwert für diesen zu ziehen, wenn es unbeschadet
seiner Ehre geschehen könne, auch sich bei Führung der Fehde
gegen den Freien von Westerburg und Genossen das Recht der
Einsprache bei dem Friedensschluss vorbehalten. Insbesondere lag
nach den damaligen sozialen Verhältnissen und Anschauungen in
der Uebernahme und Leistungen von Lehendiensten, durch welche
ein Freier von Adel in seiner bisherigen Stellung nichts einbüsste,
auch nichts Entehrendes. Lehendienst gieng durch die ganze
Stufenleiter der Zeitgenossen des Grafen \*\*) und jene Tage waren
längst dahin, an welchen der Welfe Eticho sich mit zwölf seiner
Leute in einen düstern Wald des baierischen Hochgebirgs zurückzog, um in dieser Abgeschiedenheit über die Schmach zu trauern,
welche nach seiner Meinung sein Sohn Heinrich »mit dem goldenen
Wagen« dem Welfischen Geschlechte dadurch angethan, dass er
von dem Kaiser Arnulf (von 888—899) Lehen angenommen und

---

\*) So sagt unter Anderen auch Ennen a. a. O. S. 20 von Adolf von Nassau:
„wie jeder der damaligen Soldritter fragte er niemals auf welcher Seite das
Recht lag; er stellte sich mit seinem scharfen Schwert und starken Arm stets
auf die Seite, wo der beste Lohn ihm winkte und die reichste Beute in Aussicht stand."

\*\*) Ministerialität (Dienstpflicht) in Folge von Lehenbesitz findet sich sowohl bei dem höheren als dem niederen Adel des Mittelalters, wenn man je von
letzterem sprechen kann. Es bestand nur der grosse Unterschied, dass der
vollfreie Lehenbesitzer seinem Herrn das Lehen aufsagen und dadurch von dem
damit verbundenen Dienst wieder frei werden konnte, was den Halbfreien, den dem
eigentlichen Ministerialen- (Dienstmannen) Stande Angehörigen nicht gestattet war.
Wir führen hiefür zwei uns sehr naheliegende Beispiele an. Von alten Zeiten
her trugen die mit dem Hause Zähringen stammverwandten Herzoge von Teck Stadt
und Herrschaft Oberndorf am Neckar im heutigen Königreich Württemberg v.
dem Kl. St. Gallen zu Lehen, und waren eben damit die Schenken des genannten
Klosters beziehungsweise dessen Abts. Nachdem 1374 Herzog Friedrich von
Teck Oberndorf nebst Zugehör an den Grafen Rudolf von Hohenberg verkauft
hatte, sagte er dem Kloster das Lehen auf und bat damit den Käufer zu belehnen, was geschah. Hierauf leistete der Graf von Hohenberg dem Kloster den
Lehenseid und gelobte demselben zu thun was ein „Mann" von Lehenswegen
seinem Herrn rechtlich zu thun habe, und besonders auch was das Schenkenamt

diesem den Eid der Treue geleistet hatte. Trugen doch Kaiser Friedrich II., dessen Vater und Grossvater Lehen von dem Bisthum Mainz.

Den Vorwurf, Adolf von Nassau habe sich selbst als römischer König auf gleiche Linie mit gemeinen Söldnern gestellt, hat sich derselbe dadurch zugezogen, dass er, als König Eduard I. von England sich zu einem Kriege gegen Frankreich rüstete, für sehr ansehnliche Subsidiengelder (nach einigen 100,000 Pfd. St., nach andern 30,000 M. S.) jenem seine Hilfe zusagte. Damit hat Adolf nach der Ansicht des Strassburger Chronisten Closener († 1384) das »rich und sich selben gelestet« (gelästert). Und selbst der sonst gegen denselben nicht feindselig gesinnte Pabst Bonifacius VIII., welcher indess auf der Seite des französischen Königs stand, hält in dem Schreiben vom Mai 1295, durch welches er den römischen König dringend davon abmahnte, mit England gegen Frankreich das Schwert zu ergreifen, demselben vor, wie er sich andernfalls zum gemeinen Reitersmann, welcher um Sold in den Krieg ziehe, herabwürdigen würde.

Die Betheiligung des K. Adolf an dem englisch-französischen Kriege ist aber von einem andern, höheren Standpunkte aus zu betrachten.

Allerdings hat sich der römische König gegen Zusicherung von Subsidiengeldern verpflichtet, in Gemeinschaft mit den Engländern gegen den König Philipp von Frankreich zu Felde zu ziehen, aber es geschah in Folge eines Bündnisses mit König Eduard, laut welchem auch dieser gelobte, dem römischen Könige lebenslänglichen Beistand mit aller Macht zu leisten gegen den König Philipp von Frankreich, dessen Fürsten und Herren, namentlich zu Wiedergewinnung der durch die französischen Könige vorenthaltenen Güter und Rechte, Besitzungen und Lande des deutschen Reichs. Dabei verpflichtete sich der englische König, ohne Wissen und Willen

---

im Felde und in der Herberge nach dem Herkommen von ihm verlange. Dagegen: Ritter Gero von Lichtenstein (abgegangene Burg bei Neufra K. Pr. O. A. Hechingen) verkaufte 1245 die Hälfte des Zehentens zu Dusslingen (Kg. W. O. A. Tübingen) an das Kloster Bebenhausen (ebend.) Weil er aber solchen von dem Grafen Burkard von Hohenberg zu Lehen getragen und dieser ihn von der Dienstmannschaft, zu welcher er durch den Lehenbesitz dem Grafen verbunden war, nicht frei lassen wollte, musste er diesem, um dessen Einwilligung zu dem Verkauf zu erlangen, einen bis dahin ihm eigenen Hof zu Lehen verschreiben und als solches von ihm tragen.

des römischen mit dem Könige von Frankreich weder Waffenstillstand noch Frieden zu schliessen. Auch sollte dieses Bündniss nicht allein für Eduard und Adolf sondern auch für deren Nachfolger auf dem englischen, beziehungsweise deutschen Throne Geltung haben, sofern die gegenseitig übernommenen Verpflichtungen erneuert und gehalten werden.

Der römische König Adolf ergriff somit, wie schon aus dem englischen Bündniss hervorgeht und wir unten des Weiteren zeigen werden, die ihm sich hierin dargebotene günstige Gelegenheit, um die Interessen und Rechte des Reichs gegenüber von den vieljährigen Anmassungen und Uebergriffen der französichen Könige mit Nachdruck geltend zu machen und diese in die Schranken zu weisen. Aber zum Kriegführen gehörte schon damals Geld. Denn die Zeit des allgemeinen Heerbanns der Karolinger, die Zeit der allgemeinen Wehrpflicht für gemein und edel Freie, wobei kein Sold gegeben, Verpflegung und Ausrüstung noch dazu dem Wehrmann selbst zufielen, war längst dahin; die Masse des deutschen Volks war durch Gewalt, Ränke aller Art und eigene Entartung der Freiheit verlustig, der Kriegsdienst für Kaiser und Reich das Vorrecht, die Ehrenpflicht des Adels geworden, in dessen Reihen sich auch mancher Halbfreie aus der Klasse der Dienstmannen durch Hof- und Kriegsdienst einen Platz zu verschaffen gewusst hatte. Schwer musste es das deutsche Königthum büssen, dass es in seiner Verblendung die Dinge so herbeigeführt oder so hatte gehen lassen. Es wurde immer mehr abhängig von der aufgekommenen Kriegerkaste, welche von dem Herzog und Reichsfürsten bis zum Dienstmann herablief. Das immer begehrlicher werdende Heer der grossen und kleinen Vasallen knüpfte seine Bereitwilligkeit zum Kriegsdienste für Kaiser und Reich, zu welchem es doch schon durch seine Lehen verbunden war, noch an besondere Vergünstigungen, an weitere Verleihung von Land und Leuten, an Geldspenden,\*) welche wir füglich als besondere Soldgelder be-

---

\*) Konrad von Würzburg (13. Jahrhundert) gibt in seinem „trojanischen Kriege" den Fürsten folgende, den Verhältnissen seiner Zeit entnommene Rathschläge, wie ein starkes und kampfwilliges Heer aufzubringen sei, indem er sagt:

„ir sult in lîhen unde geben,
sô sint si willic ûf den strît,
swer milte ist unde gerne gît,
der wil die vinde swachen (schwächen).

zeichnen können. Daher die klägliche Erscheinung dass, als das deutsche Königthum nicht mehr viel zu vergeben hatte, dagegen die Fürsten und Herren mächtig und reich geworden waren, es von Seiten des Reichsoberhaupts besonderer Drohungen, Bitten und Versprechungen mancherlei Art bedurfte, um für einen in aller Form beschlossenen Reichskrieg ein sogenanntes Reichsheer in einer Stärke aufzubringen, wie solches in unseren Tagen jeder sogenannte deutsche Mittelstaat aufstellen kann.

So darf es uns denn gar nicht wundern, dass K. Adolf beim Abschluss des englischen Bündnisses sich zugleich die zum Kriege gegen Frankreich nöthigen Geldmittel zu verschaffen gesucht hat. Und dass er dabei wirklich die Wahrung der Interessen des Reichs im Auge gehabt, soll nun gezeigt werden.

Wenige Wochen nach dem Abschluss des Bündnisses (August 1294) liess K. Adolf von Nürnberg aus ein Schreiben, eine Art Kriegserklärung an den französischen König ergehen, in welchem er sagte, wie er es ohne Scham nicht länger ertragen könne, dass sowohl durch dessen Vorgänger als Philipp selbst Rechte und Güter, ja ganze Landstriche, welche von Rechtswegen dem deutschen Reich zugehören, diesem entrissen worden seien, und dass er zur Wiedergewinnung des Verlorenen seine ganze Macht aufbieten werde. Ferner forderte Adolf, nachdem er den Rest des vorgenannten Jahres meist mit dem Feldzug in Thüringen beschäftigt gewesen und nun zu dem gegen Frankreich sich rüstete, im April 1295 die Bischöfe von Toul und Verdun sowie die gleichnamigen, damals zum deutschen Reich gehörigen Städte,\*) den Herzog Friedrich von Lothringen, endlich die Grafen von Lützelburg und Saarbrück

---

  waz kan die ritter machen
  sô vrech als edeliu miltekeit?

— — — — — — —

  er (der) schepfet wazzer mit dem sibe,
  swer âne vrîe milte
  mit sper und mit dem schilte
  ervehten wil êr unde lant.
  des vürsten und des küniges hant
  muoz offen z'aller zîte stân,
  der grôziu dinc wil âne gân
  und sine vinde twingen sol" u. s. w.
Bibliothek des lit. Vereins in Stuttgart Band XLIV. S. 232 f.

\*) Wie weit haben es die späteren „Mehrer des deutschen Reichs" gebracht!

auf, inzwischen, bis er selbst mit einem Heer komme, dem Grafen Heinrich von Bar gegen die nicht länger zu duldenden Uebergriffe des K. Philipp mannhaft mit Rath und That beizustehen.

Adolf trat aber in dem vorgenannten und folgenden Jahre den Feldzug gegen Frankreich nicht an. Ihn beschäftigte bis zum Frühjahr 1296 die völlige Unterwerfung von Thüringen, Meissen und Osterland, auch waren die bereits erwähnten dringenden Abmahnungen des Pabstes dazwischen getreten. Dieser hatte unter anderem den drei rheinischen Erzbischöfen von Mainz, Trier und Köln die Weisung ertheilt, sie sollten den römischen König in seinem (des Pabstes) Sinne bearbeiten.

Nachdem aber die letzteren zwei sich dem pabstlichen Verlangen so wenig willfährig gezeigt hatten, dass der uns längst bekannte kriegslustige Kölner Kirchenfürst Sifrid gegen Zusicherung von Hilfsgeldern dem König von England sogar gelobt, mit 1000 Reitern, darunter 350 Ritter, ein halbes Jahr gegen Frankreich zu dienen,\*) wandte sich der Pabst noch besonders an Gerhard von Mainz. Er wies diesen wiederholt an alles aufzubieten, um den König von seinem Vorhaben abzubringen, befahl ihm, wenn seine Bemühungen vergeblich sein würden, Adolf jedwede Unterstützung zu versagen und entband ihn zu dem Ende zum Voraus von dem dem Reichsoberhaupt geleisteten Eid des Gehorsams. Gerhard kam den Weisungen des Pabstes auch aus allen Kräften nach, denn dieser beauftragte ihn, nachdem er sich um weitere Verhaltungsbefehle nach Rom gewandt hatte, sodann noch besonders, auf die Rüstungen des Königs gegen Frankreich ein scharfes Auge zu haben, die gemachten Wahrnehmungen getreulich zu berichten, schliesslich aber die päbstlichen Aufträge geheim zu halten.

Aber all' die Anstrengungen des redegewandten und in den diplomatischen Künsten wohl erfahrenen Erzkanzlers waren vergeblich. Der König beharrte auf seinem Plane, das englische Bündniss zugleich im Interesse des Reichs auszubeuten. Noch von Altenburg in Sachsen aus (April 1296) that er der Stadt Bisanz

---

\*) Auch Boëmund von Trier stellte sich in Sachen des englischen Bündnisses auf die Seite des römischen Königs, wie auch Wicbold, der Nachfolger Sifrids (vom Mai 1297 an), als Domdekan von Köln sich um das Zustandekommen desselben verdient gemacht hatte. Desgleichen förderte der weise, Adolf von Nassau treu ergebene Graf Eberhard von Katzenelnbogen das englische Bündniss nach Kräften.

(heutiges Besançon in Burgund) seine siegreiche Unterwerfung von Thüringen etc. kund, ermahnt sie, sich nicht von dem König von Frankreich zum Abfall verlocken zu lassen und fordert sie auf, die allgemeine Reichsversammlung zu beschicken, welche er an nächst St. Johannis in den Angelegenheiten Deutschlands gegenüber von Frankreich zu Frankfurt halten werde. Von diesfallsigen Beschlüssen weiss man indess nichts. Hat die im Geheimen bereits gegen den König wirkende Partei des Herzogs von Oestreich, haben die Abmahnungen des Pabstes das Zustandekommen der Reichsversammlung oder wenigstens die Genehmigung des Kriegs gegen Frankreich von Seiten derselben hintertrieben? Wie dem auch sei, das ganze Jahr 1296 und der grösste Theil des nächsten gieng hin, bis K. Adolf den Feldzug antrat.

Die Gründe dieser Verzögerung sind in folgenden Verhältnissen zu suchen: es waren, wie der König selbst in seinem Schreiben an den Grafen Guido von Flandern vom 31. Aug. 1297 angibt, die bereits thätigen hochverrätherischen Umtriebe mehrerer Grossen des Reichs gegen ihn; dazu kam das langsame Vorgehen Englands selbst. Sodann wurde es bei dieser Lage der Dinge im deutschen Reiche und der dem Feldzug gegen Frankreich so abholden Stimmung des Pabstes, in deren Sinn Gerhard von Mainz kräftig arbeitete, dem römischen König gewiss auch schwer, die nöthigen Streitkräfte zusammen zu bringen. Doch gelang es ihm die für jene Zeit ansehnliche Streitmacht von 2000 gepanzerten Streitrossen, beziehungsweise 2000 Rittern aufzustellen, zu der wie herkömmlich etwa die vierfache Zahl nicht rittermässiger Streiter kam.

Mit diesem Heere brach er, nachdem inzwischen edle Herren des Burgunder Landes vor ihm erschienen waren und um Schutz gegen die französischen Uebergriffe gebeten hatten, gegen die Mitte des Monats September nach dem Niederrhein auf. Der englische König selbst war erst am 29. August bei Sluis mit schwacher Kriegsmacht gelandet, als die unter Graf Wilhelm von Jülich stehenden Flanderer und Deutschen aus dem Elsass schon (am 13. August) bei Veurne (zwischen Dünkirchen und Ostende) geschlagen waren, worauf die Stadt Lille am Anfang Septembers durch Verrath in die Hände des französischen Königs fiel. Diese vorausgegangenen Unfälle und das späte Aufbrechen des römischen Königs, der bei der Schwerfälligkeit seines Heeres keine Eilmärsche machen konnte, bestimmten den König von England schon am 9. Oktober zum Abschluss eines Waffenstillstandes mit Frankreich, ohne indess den römischen König daran zu binden. Dieser schloss sich aber bei seiner im eigenen Reich bedrohten Stellung den darauf folgenden Friedensverhandlungen an, indem er den Erzbischof Boëmund von Trier als seinen Bevollmächtigten dazu absandte.

Er konnte dies um so mehr mit Ehren thun, als König Philipp von Frankreich schon während der Belagerung von Lille sich bereit erklärt hatte, mit dem römischen König Frieden zu machen, die Klagen wegen Grenzüberschreitungen untersuchen zu lassen, und alle strittigen Punkte nach Recht und Billigkeit in Ordnung zu bringen. Ohnedies erlaubten ja die Verhältnisse in Deutschland dem König Adolf nicht, die Sache gegen Frankreich allein weiter zu verfolgen.

Mit der vorstehenden kurzen Darstellung der Haltung und Stellung, welche Adolf in dem englisch-französischen Kriege eingenommen, glauben wir aber klar gezeigt zu haben, dass die Vorwürfe, derselbe habe mit dem Eingehen des englischen Bündnisses die Rolle eines gemeinen Söldners übernommen und seinem Charakter als Ritter und König einen Makel angehängt, ihm mit Unrecht gemacht worden sind und werden.

In Anbetracht, dass es dem König wirklich gelungen, eine sehr ansehnliche Zahl von Rittern zum Kriege gegen Frankreich zusammen zu bringen, er auch mit denselben den Feldzug angetreten hat, was nicht ohne grosse Geldopfer möglich war, fallen ferner die infamirenden Vorwürfe, welche der Strassburger Closener über Adolfs Verwendung der englischen Subsidiengelder macht und die Gründe, die derselbe für den verspäteten Aufbruch angibt. Closener sagt nämlich: »do er daz gut (Geld) solt teilen under die fürsten und herren, daz sü mit im fueren, do behube (behielt) ers allein; und do er den herrn kein guet wolt geben, do woltent sü ouch nüt mit im faren. Sus (so) mocht er nüt diener han, daz er dem kunig von Engelland zu rechter zit ze helfe keme, damit gelestet (gelästert) er daz rich und sich selben.«

Wenn die ünparteiische Geschichtsschreibung Adolf von Nassau von dem Schimpf, er habe selbst als König die Stellung eines gemeinen Söldners eingenommen, reinigt, so ist sie dagegen nicht in der Lage, ihn von dem Vorwurf freizusprechen, dass er sonst in der

Wahl der Mittel und Wege, um zu seinem Ziele zu gelangen, nicht immer gewissenhaft gewesen. Dies zeigte er nicht blos dadurch, dass er es bei seiner Bewerbung um die deutsche Krone mit Worten und Eidschwüren gar leicht genommen, sondern insbesondere auch darin, dass er als Reichsoberhaupt den Aufstand des östreichischen Adels gegen den rechtmässigen Herzog des Landes im Geheimen gefördert hat.

Bei der grossen Bedeutung dieses Gegenstandes gehen wir, gestützt auf eine bisher hierüber nicht benützte Quelle,*) etwas näher auf denselben ein.

Im Jahr 1295 verbanden sich vier der begütertsten Herren des alten östreichischen Landadels — Leutold von Kunring, Schenke des Herzogthums Oestreich, Konrad von Summerau, Heinrich von Lichtenstein und Albrecht von Bucheim mit gegenseitigem Eidschwur zu dem verbrecherischen Plane, den Herzog Albrecht sammt dem von ihm hereingezogenen schwäbischen, elsässischen und rheinfränkischen Adel aus Oestreich zu verjagen, das Land, in vier Markgrafschaften getheilt, (?) an sich zu bringen und den minder mächtigen landsässigen Adel und Ritterstand sich zu unterwerfen, ohne aber sonst Jemand damit Gewalt noch Schaden thun zu wollen. Die Nichtbeachtung und Schmälerung der Rechte des einheimischen Adels von Seiten Albrechts, dessen Bevorzugung des zahlreichen fremden im Hof- und Kriegsdienste, die daraus erwachsenen Anmassungen des letzteren gegen die Landherren — das waren die Hauptklagen der Verschwornen und ihrer Genossen über den Herzog.

Mit dem feindseligen Verhältniss zwischen ihrem Landesfürsten und dem römischen König Adolf von Nassau **) sicherlich bekannt, machten sie diesem von ihrem sträflichen Vorhaben im Geheimen Mittheilung und giengen ihn um Zustimmung und Beihilfe an, indem sie ihm vorhielten, wie die von ihnen beabsichtigte Umwandlung des Regiments in Oestreich für den römischen König eine

---

*) Seifried Helbling, ein Oestreicher, geb. um 1230, erzählt in dem vierten Büchlein seines Gedichts den fraglichen Aufstand und versichert, dass er unverzagt die Wahrheit sagen wolle. Er erscheint hierin als ein besser unterrichteter und unbefangenerer Erzähler als Ottokar von Horneck. S. Haupt, Zeitschrift für deutsches Alterthum IV. S. 95—130.

**) Dasselbe wurde namentlich genährt durch den gegen den Herzog so feindseligen Erzbischof Konrad von Salzburg, welcher sich über jenen klagend an den römischen König gewandt hatte, und war schon im März 1295 Gegenstand einer Berathung der herzoglichen Familie und deren Verwandten.

reiche Hilfsquelle an Geld und Mannschaft werden müsste, während der Herzog zur Erhaltung seiner fremden Kriegsmacht und zur Befriedigung seiner Habsucht und besonders der seiner Gemahlin das Land aussauge. Ja sie luden den König ein, bald mit Heeresmacht in das Land zu kommen, alsdann würden sie und ihre Genossen die Maske abwerfen und zu ihm stossen.

In wie weit K. Adolf auf die Plane der Verschwornen eingegangen ist und ihnen seine Hilfe zugesagt hat, ist bis dato urkundlich nicht näher nachzuweisen. Dass aber beide Theile unter Beiziehung des Königs Wenzel von Böhmen in der angegebenen Richtung mit einander verkehrt, und K. Adolf den Plan der Verschwornen nicht nur nicht verworfen, sondern dessen Durchführung, wenigstens so weit es sich um die Vertreibung des Herzogs handelte, wenn auch nur durch Vertröstung auf seinen Beistand gefördert hat, das geht nicht blos aus den Berichten zweier Zeitgenossen, Ottokars von Horneck und namentlich Seifried Helblings, *) sondern insbesondere aus einer Urkunde hervor, welche zu allem anderen noch das gewichtige Zeugniss eines der Hauptverschwornen selbst über das Verhältniss des K. Adolf zu dem Herzog Albrecht, beziehungsweise dem aufrührerischen östreichischen Adel enthält.

Leutold von Kunring war, wie wir wissen, einer der Hauptanstifter des Aufstandes gegen den Herzog Albrecht von Oestreich. Derselbe insbesondere hatte persönlich, indess vergeblich Wenzel um Beistand angegangen, suchte aber, nachdem auch der römische König ausgeblieben war und der Aufstand mit schwäbischer und elsässischer Hilfe unterdrückt worden, die Gnade des Herzogs nach. Er erlangte auch dieselbe, indem er am 25. Juni 1296 demselben zwei seiner Burgen auf fünf Jahre überantwortete und eidlich sich verbindlich machte, ihm gegen männiglich, **besonders aber gegen den König von Rom mit aller seiner Macht beizustehen.** Bei den früheren Beziehungen des Kunringer zu dem römischen König darf man sich über die offene Sprache und die Forderung des Herzogs nicht wundern.

Konrad von Summerau, ein anderes hervorragendes Glied der Verschwörung, verschmähte es dagegen, um solche Opfer die Gunst des Herzogs wieder zu erlangen, verliess sein Vaterland und begab sich an den Hof des K. Adolf. Daselbst muss aber der charakterfeste

---

*) S. oben im vierten Abschnitt S. 76 die Worte Seifried Helblings.

Mann, welcher lieber in die Verbannung hinausgezogen war, nicht besonders hoch gehalten worden sein, wenn er, wie Ottokar von Horneck erzählt, kümmerlich sein Dasein beschloss. Wie verschieden nun auch die Wege sind, welche die genannten östreichischen Landherren nach dem unglücklichen Ausgang ihrer Sache eingeschlagen haben, so weisen doch beide gemeinsam darauf hin, dass der römische König Adolf bei dem Aufstande des östreichischen Adels seine Hand im Spiel hatte.

Auf den mit Recht dem K. Adolf gemachten Vorwurf, er habe die Stellung des Herzogs von Oestreich zu untergraben gesucht, bezieht sich mitunter ohne Zweifel die Klage, welche die über ihn später zu Gericht sitzenden Kurfürsten,\*) beziehungsweise Erzbischof Gerhard von Mainz wider ihn erhoben haben, und in welcher derselbe beschuldigt wird, er habe geistliche und weltliche Fürsten ihrer Ehren und Rechte auf die unbilligste Weise berauben wollen, und so nach der Fürsten Verderben getrachtet, dass sich ihnen der Gedanke an Selbsthilfe habe aufdringen müssen.

Nach den Verbrechen zu urtheilen, welche dem König bei seiner Absetzung sonst noch zur Last gelegt wurden,\*\*) wäre derselbe nicht nur ein gewissenloser Regent sondern auch ein sittlich ganz verdorbener Mensch gewesen. Wir dürfen aber nicht vergessen, dass Gerhard von Mainz, der erbittertste Gegner und Hauptankläger des Königs, der Vorsitzende, die Hauptperson überhaupt bei dem am 23. Juni 1298 versammelten Kurfürsten-Gericht war. Auch ist zu erwägen: wenn Adolf von Nassau, welcher in den Augen von Freund und Feind ein so feiner, hochgeachteter Ritter war, öffentlich als solch' gemeiner Verbrecher dagestanden wäre, welchen Begriff hätte man sich dann von der deutschen Ritterschaft der damaligen Zeit überhaupt zu machen?

Zur Ehrenrettung derselben müssen wir in diesen schlechten Prädikaten die Ergüsse einer gehässigen Verläumdung erkennen und

---

\*) Es waren Gerhard von Mainz, welcher laut Vollmacht zugleich den König Wenzel von Böhmen und den Erzbischof Wicbold von Köln vertrat, Herzog Albrecht von Sachsen, zugleich für den jungen rheinischen Pfalzgrafen Ludwig und die Markgrafen von Brandenburg — Otto mit dem Pfeil und Heinrich, dessen Bruder.

\*\*) Entheiligung geweihter Hostien, Gewaltthat gegen Frauen, Beraubung der Kirche und ihrer Diener, Vernachlässigung der Justiz, Störung des Landfriedens u. s. m.

annehmen, dass das, was unter dem König von Andern Gemeines verübt worden, ihm zur Last gelegt wurde. Insbesondere werden die Schändlichkeiten und Gräuelthaten, welche Adolfs Söldner in Thüringen verübt haben, auf dessen eigene Rechnung gesetzt, wobei man aber nicht bedenkt, dass solche Vorfälle ganz zu verhüten*) selbst dem strengsten Heerführer nicht selten absolut unmöglich ist, und dass nach den Bildern, welche uns Konrad von Würzburg in seinem »trojanischen Kriege« vorführt, die Gräuel einer zügellosen Soldateska auch dem Mittelalter überhaupt nicht fremd waren. Anders ist es allerdings mit der vom König befohlenen Hinrichtung von sechszig Mann der Besatzung der Burg Freiberg in Sachsen, welche dieselbe bis auf's Aeusserste hartnäckig vertheidigt hatte, sowie mit der strengen und dabei rafünirten Bestrafung des rebellischen Schultheissen der Reichsstadt Colmar **) — Handlungen, die ihn als Henkerkönig und Tyrannen brandmarkten, aber im Geiste der damaligen Zeit betrachtet milder zu beurtheilen sind.

Der mehrerwähnte fahrende Sänger entwirft ein dem obigen gerade entgegengesetztes sittliches Bild von dem Könige, wenn er demselben den klagenden Nachruf widmet:

»(I)ch muis [muss] den reinen koninc clagen,
(w)ant [da] an eme wart erslagen,
(e)in cristen konink, ein greve wert;
— — — — — — — — — — — — — — —
S(in) eidil [edel] herze was so hoich [hoch],
(da)t nei geine undait drin inquam [dass nie eine Unthat hinein kam.]«

Ueberhaupt lässt sich, wenn man des Königs Regierung näher nachgeht, im Allgemeinen ein besseres Bild von demselben entwerfen, besonders für die ersten Jahre von dessen Regierungs-

---

*) Es fehlt nicht an urkundlichen Beweisen, dass der König den im Thüringischen Kriege angerichteten Schaden zu ersetzen suchte.

**) Der König liess denselben so auf einen Karren binden, dass dessen in die Höhe gestreckte rechte Hand, mit welcher er ihm zuvor Treue geschworen hatte, stets sichtbar war, und zum abschreckenden Beispiel den Meineidigen in dieser Haltung durch alle Städte und Dörfer des Elsasses führen, sodann auf die Reichsburg Achalm in Schwaben gefangen setzen, wo er in einem finsteren Thurme sein Leben beschloss.

zeit. Es stimmt dies auch mit dem Lob überein, das der gleichzeitige Fürstenfelder Mönch dem König ertheilt, wenn er sagt: er sei im Anfang seiner Regierung unter dem Beistand der göttlichen Gnade den Reichsgeschäften gewissenhaft nachgegangen.

Da finden wir denn, mit dem dem König gespendeten Lob der Grossmuth übereinstimmend, denselben versöhnlich gegenüber von manchen seiner früheren Gegner z. B. den Bürgern der Reichsstadt Friedberg in der Wetterau, dem Bischof von Strassburg, dem Freien Otto von Ochsenstein u. a. m. Wir sehen ihn, wie er allerdings in grossem Widerspiel mit vielen seiner Zusagen vor und nach der Wahl, nun des Reiches Ansehen, Rechte und Interessen zu wahren, in demselben Ruhe und Frieden herzustellen und zu erhalten suchte und zwar nicht blos durch die herkömmliche Erneuerung der Landfriedens-Gesetze. Wir sehen ihn, wie er zu Gericht sitzend unter anderem eine sehr strenge Bestrafung der Nothzucht verfügt, mit Umsicht und Gerechtigkeit Streitigkeiten schlichtet, die hergebrachten Rechte von Privaten und Körperschaften zu achten, Wittwen und Waisen zu schützen befiehlt.

Wiederholt sieht man ihn in die Fussstapfen seines Vorgängers treten, auch Männer in seinem Rathe sitzen, die, wie Graf **Eberhard von Katzenelnbogen**, Magister **Heinrich von Klingenberg**, **Gerlach von Breuberg**, die Vertrauten und Leiter der Politik desselben gewesen, was freilich den Ansprüchen des selbstsüchtigen Reichskanzlers geradezu entgegen war. Gleich seinem Vorgänger setzte sich König Adolf im Anfang seiner Regierung in gutes Einvernehmen mit dem päbstlichen Stuhle und zeigte sich als Beschützer der Kirchen, Klöster und Stifte.

Des Königs Auftreten, Handlungen und Anordnungen in der ersten Hälfte seiner Regierung lassen ein kluges Masshalten, das Bestreben, gutes Einvernehmen mit den Kurfürsten zu erhalten,[*)] und die consequente Verfolgung eines gut angelegten Planes meist nicht verkennen.

Seine Ziele anbetreffend suchte er in erster Linie mächtige Fürstenhäuser, wie Böhmen und Pfalzbaiern in sein Interesse zu

---

[*)] Am 23. März 1294 ersucht er den Erzbischof Sifrid von Köln, den Streit, welcher zwischen ihm einer- dem Herzog von Sachsen und Markgrafen von Brandenburg andererseits entstanden war, zu schlichten und verspricht zum Voraus jede Entscheidung halten zu wollen.

ziehen, den zahlreichen höheren und niederen Adel sowie die Reichsstädte vornämlich in den Rheinlanden und in Schwaben für sich zu gewinnen, indem er jenen durch Uebertragung von Reichslehen sich zu Diensten verpflichtete, diesen ihre alten Vorrechte bestätigte.

Zu gleicher Zeit gieng er aber auch darauf aus, seinen früheren Rivalen, den Herzog von Oestreich, zu isoliren und dessen Stellung zu untergraben. Insbesondere wollte er Albrechts langwierige Händel mit dem Erzbischof von Salzburg, dessen Partei er ergriff, schliesslich dazu benützen, gegen jenen als einen Reichsfürsten, der sich den königlichen Weisungen widersetzte, direkt vorzugehen.

Für's Dritte richtete er sein Hauptaugenmerk darauf, sich in den Fürstenthümern Thüringen und Meissen eine Hausmacht zu gründen. So in seiner Stellung gefestigt, wollte er sich sodann von der ihm lästigen Bevormundung des Erzkanzlers in der Reichsregierung losmachen. *)

Das erste Ziel erreichte er auch zu einem guten Theil. Wenn gleich das Eheband seines Sohnes mit der böhmischen Königstochter sich durch den allzufrühen Tod derselben schon im Jahr 1296 wieder löste, so hatte Adolf doch bis zu dieser Zeit gutes Einvernehmen mit Wenzel erhalten, und denselben trotz der Annäherung im Jahr 1293 (s. oben S. 83) von seinem Schwager Albrecht ferne gehalten. Durch die pfalzbaierische Heirath seiner Tochter hatte sich der König in deren Gemahl Rudolf einen mächtigen und treuen Bundesgenossen erworben. Den rheinischen und schwäbischen Adel gewann er in dem Masse für sich, dass in den ersten Jahren seiner Regierung selbst Hauptanhänger seines früheren Nebenbuhlers um den Thron, wie Graf Albert von Hohenberg, **)

---

*) Während die Colmarer Annalen aus dem Anfang der Regierung des Königs rühmend von ihm erwähnen, er habe verschiedene Verfügungen in Reichssachen nach dem Rath der Grossen getroffen, macht ihm die mehrerwähnte östreichisch gesinnte Chronik des Abts von Viktring später, aus der Zeit nach der Unterwerfung von Thüringen, den Vorwurf, er habe angefangen stolzer, anmassender aufzutreten. Allerdings zeugt das Schreiben, welches der König um die angegebene Zeit an die Stadt Bisanz (Besançon) gerichtet, von stolzem Selbstgefühl eines siegreichen Herrschers.

**) Wohl hatte der König bald nach seiner Thronbesteigung diesem die Reichslandvogtei in Niederschwaben abgenommen, aber klugerweise auch nicht dessen Rivalen, dem Grafen Eberhard von Wirtemberg, sondern einem für

sich nicht von ihm ferne hielten und dass, als es zwischen ihm und
demselben zum Kampfe kam, die meisten Grafen und Herren der
Rheinlande, selbst viele schwäbische auf seine Seite traten, andere
wenigstens neutral blieben, wie denn das königliche Heer in der
Schlacht bei Göllheim fast nur aus Rittern bestand. Auch die
Reichsstädte des Elsasses und am Rhein (mit Ausnahme von
Strassburg und Mainz), sowie die in der Wetterau hielten es mit
Adolf, und die schwäbischen waren selbst nicht durch die Waffen-
gewalt, welche genannter Graf von Hohenberg gegen sie aufgeboten,
von ihm abzubringen.

Die Verfolgung seiner weiteren Ziele aber hatte die Bildung
einer mächtigen Koalition gegen ihn, an deren Spitze der Erzbischof
Gerhard von Mainz und Herzog Albrecht von Oestreich standen,
zur Folge und kostete ihn nach einer nur sechsjährigen Regierung
Thron und Leben.

Hiebei ist aber ein Moment, nämlich das meist ohne des
Königs Schuld wirkungslos gebliebene englische Bündniss noch in
Betracht zu ziehen. Dasselbe gehört mit in die Reihe derjenigen
Plane und Schritte Adolfs, bei welchen er die Befestigung und
Hebung seiner Stellung im Auge hatte. Durch das fragliche Bündniss hat er sich die Mittel zu Aufstellung einer ansehnlichen
Kriegsmacht verschafft; hätte auch, wäre der Feldzug gegen
Frankreich in der verabredeten Weise ausgeführt und von ihm
siegreich zu Ende geführt worden, sich und seine Regierung in
der öffentlichen Meinung bedeutend gehoben. Sodann wäre es ihm
an der Spitze eines sieggekrönten und kriegsgewohnten Heeres nicht
schwer geworden, Herr über seinen alten Rivalen zu werden und
die unzufriedenen, anmassenden Kurfürsten nieder zu halten. Mit
solchen Hoffnungen mag sich der König auch getragen haben, als
er, obgleich selbst in seiner Stellung bedroht, in seinem grossen
Selbstvertrauen und um Wort zu halten dennoch den Feldzug antrat. Er hat damit allerdings, wie es seinem Charakter zuzutrauen
ist, va banque gespielt. So hatte Indess auch sein Vorgänger
Rudolf unter sehr ungünstigen Auspizien den zweiten Feldzug gegen
K. Ottokar von Böhmen unternommen. Hatte doch die Stadt Wien
die Lage desselben damals für so bedenklich gehalten, dass sie

---
Schwaben fremden Herrn, seinem Schwager übertragen. Sonst aber zeigte sich
der König dem Hohenberger wiederholt willfährig. Siehe des Verfassers Geschichte
der Grafen von Hohenberg Seite 36. 114.

ihn gobeten ihr zu erlauben, einen anderen Herrn wählen zu dürfen, damit sie nicht mit ihm zu Grunde gehe. Aber Rudolfs Glücksstern und ein sehr starkes ungarisches Hilfs-Corps, nicht ein Reichsheer, verschafften ihm den Sieg über seinen Gegner und retteten Habsburg.

Wenn Rudolfs Feldzug gegen Ottokar entschieden ungünstig für jenen ausgefallen wäre, so würde keine habsburgisch-östreichische Hausmacht entstanden sein, wie auch, wenn K. Adolf sieggekrönt aus Frankreich zurückgekehrt wäre, dieselbe ihr baldiges Ende erreicht hätte. Aber es war in dem Rathe dessen, der die Geschicke der Völker und Könige lenkt, anders beschlossen. Am 2. Juli 1298 erfolgte die Schlacht am Hasenbühl bei Göllheim unweit Worms, und K. Adolf musste Krone und Leben lassen. Dieselbe ist aber nur der blutige Schlussakt des Drama's, dessen erster Akt in den vorliegenden Blättern an uns vorüber gegangen ist. Aus diesen kennen wir auch die Saat, welche, nachdem sie, von verborgenen Säften genährt, in weitem Umkreis kräftige Wurzeln geschlagen, an jenem heissen Sommertage so blutroth aufgeschossen ist.

# Druckfehler.

S. 8. Z. 5 v. u. l. gespannten st. gespanntem.
S. 24. Z. 22 v. o. l. Ptolemaïs st. Polemaïs.
S. 26. Z. 5 v. o. l. Liedberg st. Lindberg.
S. 35. Z. 22 v. o. l. beiden st. deiden.
S. 49. Z. 3 v. u. »(s. unten)« fällt weg.
S. 89. Z. 19 v. o. l. legali st. legati.